本书是“河南省高等学校哲学社会科学研究优秀学者资助项目”（2019-YXXZ-18）、河南省哲学社会科学规划项目（2018BTY022）系列研究成果，专著出版得到了上述基金资助。

和式太极拳精要

申国卿　和慧超　郭艳华　著

人民体育出版社

图书在版编目（CIP）数据

和式太极拳精要 / 申国卿，和慧超，郭艳华著
. —北京：人民体育出版社，2019
ISBN 978-7-5009-5708-9

Ⅰ. ①和… Ⅱ. ①申… … ②和… ③郭… Ⅲ. ①太极拳—图
解 Ⅳ. ① G852.11-64

中国版本图书馆 CIP 数据核字 (2019) 第 219183 号

*

人 民 体 育 出 版 社 出 版 发 行
三 河 兴 达 印 务 有 限 公 司 印 刷
新 华 书 店 经 销

*

787 × 1092　16 开本　14.5 印张　260 千字
2019 年 12 月第 1 版　2019 年 12 月第 1 次印刷

*

ISBN 978-7-5009-5708-9
定价：50.00 元

社址：北京市东城区体育馆路 8 号（天坛公园东门）
电话：67151482（发行部）　邮编：100061
传真：67151483　邮购：67118491
网址：www.sportspublish.cn
（购买本社图书，如遇有缺损页可与邮购部联系）

序　论

和式太极拳发源于太极拳乡焦作温县赵堡镇，是当代中华太极拳体系的一个重要组成部分，与陈式太极拳、杨式太极拳、武式太极拳、吴式太极拳、孙式太极拳等并称为“六大流派”。和式太极拳由清朝末年赵堡镇太极名家和兆元长期潜心深研所创，因为吸收了传统理学、儒家、道家理论并结合家传中医知识而具有鲜明特色，在传统“太极”理论为指导的基础上，拳架、技法、强身养生方面有着别具一格之处。和式太极拳的“一圆”“出入”“进退”“领落”“开合”等基本理法，蕴含了宏厚精微的太极拳学基因，体现了舒活圆融的技术特点，演练格调既如风行水上、鹤舞白沙，又似云逸长空、神游太玄，怡然自如、轻活灵动之情景每每让观者于赏心悦目中情意放松，爽然如洗。

和式太极拳在传统武林中俗称为“代理架”，其诞生地温县赵堡镇一带，通常还把练习和式太极拳称为“耍拳”，这一点也是和式太极拳显著区别于其他太极拳流派的整体特征。和式太极拳把行功走架称为“耍拳”。走架之时讲求质朴本真，神意自然，气韵活泼，着势柔顺，呼吸顺畅，不必用意使气，不能显示发劲，如儿童玩耍一般简单自如，势势处处以后天引先天，顺乎天地人三才自然，把行拳过程当作放松自我、调节情操的一种闲娱方式。这种运动理念与行拳方式不仅高度体现了人体生理科学规律，而且客观契合了当代人们健身休闲娱乐养生的宏观趋势，正越来越呈现出蓬勃的生命力与广泛的适应性。

从人类健康角度来看，21 世纪显然是人类自我保健意识日益增长的世纪，百花齐放的当代人类保健体系中，融健身、养生、技击、娱乐为一体，蕴含东方智慧的中华太极拳堪称是卓有成效的保健养生方式之一，和式太极拳则是其中的清新一朵。太极拳之所以能风靡世界，关键是其承载的中华传统和合文化哲理。中国传统文化的主干内容——“儒、道、释”三家合流而成太极拳技理渊源，这一现象本身便是和合文化在武术拳种体系中的典型演绎。巧合的是，和式太极拳的创始人是和姓，与中华传统和合文化亦“不谋而合”。这种偶然巧合，无形中也增添了和式太极拳的文化魅力与历史风味。

在当代中华民族伟大复兴进程中，太极拳以其博大的气象和恢宏的格局而具有特殊的地位。中华文化国际传播的现实际遇为太极拳发展奠定了浑厚的基础，创造出辽阔的空间。河南古称中原，太极拳又是中原大地历史厚度与文化底蕴的公认特色窗口。无论是“中原崛起”战略还是“文化强省”建设，太极拳的地位与作用都有目共睹且无可替代。然而，在实践中，我们发现，当前的太极拳发展，除陈式太极拳和杨式太极拳的论著相对较多外，其他太极拳流派在理论成果体现方面都差距明显。就和式太极拳而言，现有的和式太极拳专著着实不多。如此现实，与该拳的特色形象的确难符。

感谢我们所处的中华复兴伟大时代，使包括太极拳在内的中华传统文化正呈现出欣欣向荣的奋进势态，也激励着众多热爱传统文化的人们奋起投身弘扬传统经典文化的浪潮。作为武术文化爱好者和传承者，能够从当前武术状态中有所感悟并付诸言行，是应时而动，更是由心而发。

十余年来，著者一直从事太极拳的学习、研究以及教学、传播工作。鉴于上述认识，遂有本书问世。然时间匆促及其他因素所限，其中难免仍有不少值得商榷和改进完善之处，敬待各界指正并真诚致谢！

著者
2019 年 7 月 14 日

目　录

第一章　传统和合文化视野下的和式太极拳

和式太极拳是当代中华太极拳体系中的一个重要组成部分，也是著名的“太极拳之乡”河南省温县流行的主要太极拳流派之一。该拳不仅在技法风格上独具特色，而且在拳学理论方面也体现出了自身的独特魅力，可以说是当代中华太极拳大观园中的一朵清新的奇葩。和式太极拳秉承了中华太极拳一脉相承的文化特色，同时也以自身的技理特征发展、演绎着中华传统文化的内核与精髓。

第一节　源远流长的中华和合文化

太极拳是中国武术的著名拳种，是中国武术文化的重要组成部分，同时也是中华民族传统文化在武术中的突出展现和经典演绎。太极拳的技法理论以历史悠久的中华经典“太极”文化为指导，太极拳的发展也可以说是以传统阴阳思想为指导的太极文化思想的传播过程。当前流行的太极拳虽然种类众多，但其拳理、技法的指导性理论却是一致的，伴随着这些风格不同的太极拳流派的传播和发展，经典的太极阴阳理论也开始与轻灵、舒缓的太极动作技术一道在不同国家和民族深入人心。人们通过练习太极拳动作技术开始接触到深奥的太极理论，对于富含哲理的经典太极理论的感知又进一步催生了不同肤色的人们对于习练太极拳动作技术的浓厚兴趣①。太极拳的传播过程中，越来越多的人们逐渐认识到太极拳蕴含的传统文化的独特价值，不同国家的民众日益通过太极拳感触中华民族宝贵遗产的文化魅力，他们在学练太极拳的过程中逐渐地感受到中华传统文化的博大与厚重。这种厚重的传统文化，实质上又是源远流长的中华和合文化的一种呈现与表征。

中华传统文化博大精深，历史悠久，和合文化是中华传统文化的精髓和灵魂，在中华民族形成和发展的历史进程中，和合文化始终发挥了“黏合剂”的作用。研究和合文化在中华民族形成和发展过程中的重要作用，弘扬和合文化精神，不仅对于增强中华民族凝聚力具有重要意义，同时也是探讨太极拳学理论、弘扬太极文化之道的内在要求。

在上下五千年的中华文化发展过程中，和合文化始终是构成中华民族凝聚力的重要历史基础和核心思想基础。“和合”概念的产生由来已久。早在商周之时，“和”“合”二字已见诸甲骨文和金文，在《易经》《尚书》中都已使用。这时的“和”“合”二字作为单一的词和概念，未被联用。春秋时，二字并举联用，构成了“和合”的理论范畴。在中国传统文化中，“和合”被广泛应用于描绘家庭、国家、天下等内部治理良好、上下协调一致的状态。“和”是和谐、和睦、和平、和善、中和、祥和；“合”是合作、化合、结合、合理、融合、联合、合度等。和合文化，是指自然、社会、人际、人自身心灵的和合现象和不同民族、不同地域的和合现象。和合文化在各个方面都有其系统的理论体系与实践路径体系。在宏观上，它包括了天人合一的自然观；在中观上，它包括了家国一体的社会结构观与以仁政为主体的国家治理观；在微观上，它包括了以和为贵的人际交往观与个人修身养性观等基本方面。作为处世哲学与方法，它给人提供了一个观察与处理事物的视角与方法，即以包容事物差异为前提的注重谋求事物共存与发展的双赢性策略。在和合文化的涵化与熏陶之下，崇尚和谐的观念作为一种传统的精神要素融入了中华民族的每一个成员之中，上升为中华民族共同的民族心理和民族性格的集中表现，并且焕发出一种巨大的整体意志与精神力量，从而成为中华民族全体成员团结一致以及确保中华民族生存、发展的内在民族凝聚力②。

---

①申国卿．太极拳发展特点的当代解读［J］．山东体育学院学报，2010（2）：43-47.

②王永和．弘扬中华和合文化增强中华民族凝聚力［J］．宁夏社会科学，2009（6）：127-129.

太极阴阳鱼

和合文化是中华民族永葆青春的血脉，也是中华文化亘古未变的规律，这一特征在武术文化中也有着鲜明而生动的体现。和谐是中国武术最为核心的文化精神。以和谐为价值取向的观念贯穿于武术文化的思维模式与实践规范之中。武术文化独特的价值取向是和谐，全面实现武术文化的技击、养生、修性等多方面功能的方法是和谐，衡量这诸多功能的价值尺度是和谐，武术文化所追求的终极目标，仍是和谐。武术文化视人体身心和谐为真，人际和谐为善，天人和谐为美，和谐构成了武术文化发展的根基，同时也成就了武术文化特殊的美感。

第二节　中华太极与和式太极拳

太极拳是具有数千年悠久历史的中华传统文化的一部分，太极拳是中华儿女一脉相承的处世态度、文化内涵等在武术文化中的体现，所以，从上下五千年的中华传统文化视野去认识太极拳，不仅是学习、研究太极拳的历史原点，同时也是继承、弘扬太极文化的基石。

以太极拳为载体的太极文化是中华民族传统经典的重要组成部分，同时也是当代中华文化全球传播的一个重要特色窗口，它不仅承载着西方世界易于理解和接受的中华民族文化内涵，而且早已为不同国家的人民所喜闻乐见。在许多国际友人的心目中，太极拳早已成为中华民族传统文化的代名词。因此，太极拳的当代传播，既是体现当代国家形象的一种载体，也是弘扬中华和合文化的重要路径。

在当前常见的有关“太极”的文字表述中，一般认为太极拳命名的“太极”二字源自《易经》中的“易有太极，是生两仪，两仪生四象，四象生八卦，八卦定吉凶，吉凶生大业”之语。太极拳吸取了《易经》中的阴阳辩证观点毋庸置疑，但从太极理论的宏观内容与整体特色来看，太极拳实际上运用了自先秦以来三千年中华文化发展的一个突出成果——太极哲理。“此太极哲理发端于《易经》，中经道教内丹养生家陈抟等人的研究与发展，融贯儒、道、释三家而形成《无极图说》用于内丹修炼，后复由宋明理学家周敦颐等人继承推演成为新儒家用以阐明理学奥秘的《太极图说》。这一哲学渗入武术文化而产生了太极拳。”①所以，太极拳所体现的太极文化是中国传统文化中一个具有悠久历史的理论成果。中国传统文化的主干内容——“儒、道、释”三家合流而成太极拳技理渊源，这一现象本身便是和合文化在武术拳种体系中的典型演绎。

在当代太极拳几个主流支系中，和式太极拳通常与陈式太极拳、杨式太极拳、武式太极拳、吴式太极拳、孙式太极拳并称为“六大流派”。作为中国传统太极拳流派的一个重要组成部分，和式太极拳与陈式太极拳、杨式太极拳等一样，拳理技法都与河南温县有着极为密切的联系。该拳由清朝末年河南温县赵堡镇太极名家和兆元多年潜心深研而创立。和式太极拳以太极之理为拳理来规范指导拳架，融合了理学、儒家、道家并结合了医学理论，除具有一般太极拳的共性要点之外，在理论、技法、强身、养生方面都有自身的独特之处。和式太极拳的一圆、出入、进退、领落、开合等基本理法，既蕴含了深厚的中华传统文化基因，又展现了该拳与众不同的技理风格。极为巧合的是，和式太极拳的创始人是和姓，与中华传统和合文化堪称不谋而合。这一巧合现象无形中也增添了和式太极拳的文化魅力与历史风味。

“太极拳，和天下！”太极拳是中华民族伟大的创造之一。太极阴阳平

---

①佚名．太极哲理与太极拳［EB/OL］．陈正雷太极网，2008-08-20.

衡、和谐包容的理念是中国人向来推崇的传统价值观。对于个体来说，太极拳可以修身养性，平和身心。从宏观层面而言，当今时代，世界非常需要和平，社会尤其需要和谐，家庭同样需要和睦。作为当代太极拳的一个主流支系，和式太极拳所蕴含与承载的中华传统和合文化元素也正在日益体现出与时俱进的积极意义与综合价值。

天然太极图

第三节　和式太极拳的理学特色

和式太极拳发源于河南温县，是清末名家和兆元始创的拳法，该拳系门人以及民间通常又将其称为“代理架”。公认的太极拳产生时代是明末清初，由于这一时期理学盛行，因此在和式太极拳的发展过程中不可避免地受到宋明理学思想的浸润，一些学者通过对宋明理学理论主导思想与和式太极拳拳理产生的历史背景、发展及健身养生等观点进行比较研究，发现代理架的“理”与理学有着重要的联系，和式太极拳第一次提出了用“理学”理论来指导拳架练习，被称为“代理架”的和式太极拳的产生在太极拳理论发展过程中有着重要的地位，对太极拳理论发展研究有着突出的意义。在和兆元后人和有禄编著的《和式太极拳谱》中，将代理架解释为“技理相合”，即拳术与理论有机融合。用习练和式太极拳的民间武林人士的通俗解释，就是和式太极拳套路是带着理论的，和式太极拳动作是有文化含义的。

和有禄编著的《和式太极拳谱》

众所周知，作为宋、元、明、清时期封建统治阶级的主导思想意识形态，宋明理学以“仁”为道德核心，以“气”为养生本体理论，“重文轻武”，主张“清心寡欲”，重视伦理道德，对社会各方面产生了重要影响。其中，以“仁”为核心的道德理念、以“气”为本体理论观以及“天人合一”的养生原则方法等在促进传统武术，特别是太极拳理论发展方面尤其影响深远。朱熹认为，“仁”为五常之首，实际上强调道德感情和道德理性在整个道德修养中的基础性作用。在理学“五常”思想的影响下，武术逐渐形成了以“仁”为核心，以“礼”为准则，以“忠、孝、节、义”为形式，以“信”为根本的道德体系。宋初的理学宗师周敦颐著有《太极图说》。他说：“无极而太极。太极动而生阳，动极而静，静而生阴，静极复动，一动一静，互为其根，分阴分阳，两仪立焉。阳变阴合，而生水火木金土。五气顺步，四时行焉。五行一阴阳也，阴阳一太极也，太极本无极也。”周敦颐的上述太极论对解决“理气关系”“心物关系”发挥了显著作用，对后世太极拳理论的形成至为关键。由理学大师张载首次提出的“天人合一”思想对太极拳养生理论具有重要影响。传统武术理论据此指出：“人一小天地，无不与天地之理相合。”强调个体是一个小宇宙，天地是一个大宇宙，人与天地宇宙是相通相同的。习武者练功时，特别注重天时、地形、气候、方向等问题即“天人合一”思想的反映。在“天人合一”思想的指导下，养生要“宜时”，养生需“节欲”，同时还要与养德相结合等便成为重要的原则。理学家们认为，养生与一年四季的节气变化之间是有着密切关系的。冬去春来，寒来暑往，不同节气里的养生是有所不同的。因此，养生要“宜时”，一定要把握好度，做到“欲而不贪”“欲不逾矩”。另外，养生与养德在内容和方法上有着一致性，所以，理学还把道德修养方法移植到养生中，提出养生与养德相结合的思想。

和式太极拳理论首创者当推理学代表人物李棠阶。李棠阶是晚清著名的理学家，今温县南保封村人。一生潜心理学，对“程、朱、陆、王学说无所偏”，兼收并蓄，终生以“克己”“省身”为座右铭严格要求自己，以其潜心理学研究、克己复礼、忠君保民和刚正不阿的品德而独具特色。他一生勤学不辍，曾经手抄《汤斌遗书》以自励，终生如一日坚持记日记以自省其身，从不懈怠。李棠阶是和兆元的姐夫，其关系在和兆元后人和有禄编著的《和式太极拳谱》中有记载。后经李棠阶引荐，和兆元从当时的易学大家、体仁阁大学士祁步藻修习易理，为创新、提高太极拳奠定了理论基础。和兆元在京为官期间，多次随李棠阶到各地巡视，丰富的经历为其创拳提供了实践基础。19世纪中叶，中国逐渐沦为半封建半殖民地社会，民族危机的时刻，尚武风气盛行京师，汇聚了众多门派名师高手。通过与他们的交流切磋，和兆元不断借鉴众多拳种、门派的优点和长处。在李棠阶的影响下，和兆元在习武之余亦对理学、《中庸》等进行深入研究。文武的积淀使得和兆元认识到赵堡镇原传的腾挪架、领落架的不足：以手领身、以身随手，造成身法单调、劲路明显；阴阳虚实转化中棱角突出、凸凹明显，以致体用脱节。和兆元对太极拳进行了重大改革，提出“由外带内，周身顺遂浑圆，由内达外，阴阳变易莫测”的理论，创编出一套集拳架、推手、散手为一体，三者互为检验印证，寓技击、修身、养身于一道，既保持赵堡镇原传拳术传统又独具特色的新型太极拳法——代理架。

和兆元于1853年由北京返家，得陈清平首肯而立代理架。代理架取意太极图之蕴，彰显“一阴一阳之谓道”的经典理论——圆融之中有阴阳合聚，既对立又统一，相互转化，运动不息，显示了事物发展的螺旋周期规律与自然界阴阳之间的运行消长、转化。和式太极拳以阴阳之理贯穿于拳势、比附于人体之中，以中正为立身之本，以自然流畅为演练风格，以阴阳之理指导规范拳架圆转柔顺，以一圆四象八卦为十三式，以太极之理为拳理规范指导拳架，在众多的太极拳流派中凸显出了自身的鲜明特点①。

李棠阶与和式太极拳谱

①刘巧芳．和式太极拳代理架“理”之分析［J］．中华武术·研究，2014（10）：75-77，83.

第二章　和式太极拳的源流与传承

作为中华传统文化的一项珍贵遗产，太极拳已经在世界各地深入人心。和式太极拳是太极文化的一朵清新而质朴的花朵，同时也是中华太极拳体系的重要组成部分。学习和式太极拳，传播和式太极拳文化，自然有必要了解和式太极拳的历史源流及传承状况。只有在深刻理解和式太极拳的历史源流及传承概貌的基础上，才有可能得出关于和式太极拳发展的宏观认识，这是我们认识、学习、研究、传播、弘扬和式太极拳的出发点。

太极雕塑

第一节　和式太极拳的起源

在中华武术的大观园中，很少有拳种的理论体系在深度和广度方面能够像太极拳一样让人叹为观止；在中国武术的几大著名流派中，太极拳引起的争论无疑最多并且也最复杂。但是，关于和式太极拳的历史源流问题却较为清晰，这一点，在太极拳各大流派中是公认的。

和式太极拳由清朝怀庆府赵堡镇人和兆元（1810—1890）始创。和兆元的太极拳授业恩师则是陈式太极拳大家陈清平。陈清平（1795—1868），是陈式太极拳承上启下的一代宗师，其文韬武略，堪称世所罕有，人称“文武拳师”①。陈清平技艺高超，开放门庭，广收门徒，胸怀宏阔，拳传外姓，显示了太极拳宗师的高风亮节，一生所传弟子较多，著者有和兆元、武禹襄、李景炎、张开等。其中和兆元和武禹襄名声尤为不凡。武禹襄是武式太极拳的创始人，和兆元则创立了和式太极拳。和兆元初随陈清平习练陈式太极拳，是陈清平的入室弟子，后于1836年进京供职，经过与不同门派名师高手之间的多次比武较技，有了对太极拳技理的新认识，再加上长期参研理学等综合因素，逐渐在继承陈清平太极拳架的基础上，以《易经》之理为基础，进行了相关改革，删其烦琐，增其不足，创编了一套体用一致、技理相合的太极拳。和兆元创编的这一拳架在技术风格上独树一帜，具有鲜明的理论特色，并且得到了其师陈清平的认可，最终成就了和式太极拳这一新的太极拳流派，和兆元由此也成为和式太极拳无可争议的创始人。由于和兆元是清朝怀庆府赵堡镇人，所以后人也从这一地域特征出发，称之为“赵堡太极拳”。

和式太极拳的产生，是在陈式太极拳的基础上进行的一项创新成果。这一现象一方面验证了中华太极文化博大精深的历史内涵与生生不息的内在动力，另一方面又为博大精深的太极拳增添了不少生动的魅力，越发增加了太极文化的瑰丽景象和浓郁特色。和兆元创立和式太极拳的现象也清晰地表

①余功保．中国太极拳辞典［M］．北京：人民体育出版社，2005：35.

明，无论是和式太极拳、陈式太极拳还是太极拳中的其他流派，其发生、成长都离不开也不应脱离太极拳产生、演变的中华民族整体氛围和中华传统文化的宏观背景，我们认为，这一点是研究、发展太极拳的一项重要基础和前提条件。

第二节　和式太极拳的历代传承

和式太极拳自和兆元创立之后，历经家族子弟及其相应传人的持续接力，至今已经成为在世界各地广泛传播的太极拳流派之一，其传承状况、主要传人等概述如下。

一、和式太极拳的传承概况

和兆元博采众长，勇于创新，对太极拳的发展作出了历史性的贡献，但当时他并未公开授徒。晚年自京师返归故里赵堡镇后，终日居家研习太极拳理，以传授子孙为乐。儿子和润芝、和勉芝、和敬芝、和慎芝及长孙和庆喜等诸人均得其拳法真传。长子和润芝自幼随父习武，兼承家传中医，传拳于子和庆喜、和庆文、和庆台。

和庆喜兼得父亲及祖父亲传，技艺超群，是和式太极拳传承过程中一位承前启后的关键人物。1928 年，在振兴国术的时代形势感召之下，71 岁高龄的和庆喜打破了和式太极拳家庭传承的传统方式，正式开山授徒，教授了郑伯英、刘世英、柴玉柱等一批弟子，促进了和式太极拳的传播。和庆文的长子和学信，自幼随父习医练拳。当和庆喜正式开山授徒后，和学信又随其学拳，并深得和庆喜器重，遂全面得承和氏一脉武学真谛。和学信当年也曾举家避乱宝鸡，新中国成立后，又迁返赵堡，以行医研拳为生。其子和士英秉承家学，保持了和式太极拳的传统风貌。20 世纪 60 年代前期，和士英行医之余在赵堡镇传授和式太极拳。和士英传人主要有其子和定元、和定乾、和定中（又名和少平）、和定国（又名和有禄）。和庆文的次子和学惠，也得到了和庆喜的亲身传授，和学惠的传人主要有其三子和保森、弟子徐秋等。

和庆台曾在上海传播和式太极拳，晚年回归故里，传拳于子和学俭、弟子侯尔良等。和学俭曾任“赵堡和式太极拳研究会”会长，为和式太极拳的推广普及进行了不懈的努力。和学俭传拳于其子和保龙、和保国。

和庆喜的弟子郑伯英和郑悟清在抗战期间移居西安，新中国成立后两人都曾任西安市武协委员，致力于推广和式太极拳事业，在他们的积极努力下，和式太极拳也得以在西北大地扎根开花。他们培养了郭士魁、张红道、赵红喜、任自义、柴学文、郑鸿烈、孙兰亭、纪昌秀、刘瑞等一批弟子和学员，为和式太极拳的继承与传播作出了突出贡献，在武林中被誉称为“西北二郑”。郑悟清的弟子纪昌秀，在香港成立了“香港和式太极武术（国际）总会”并担任会长，她还被聘任为香港武术联合会副主席。该会在世界许多地方都设有分会，会员达 1 万多人。纪昌秀在海外积极推广和式太极拳，为和式太极拳向世界传播作出了重要的贡献。

在上述众多弟子传人的众志成城、齐心协力之下，和式太极拳自创始至今，历经数代人的探索努力，不仅在国内得到了积极传播，而且已广泛传及世界各地，成为政府认定的陈、杨、武、吴、孙之后当代太极拳的第六大流派①。

二、和式太极拳传人简介

（一）第一代

1810 年，和兆元诞生在世代为医的赵堡镇和氏家族，其父亲和彦方精通医术，在当地颇有声名，为使儿子秉承家学，和彦方常常嘱咐和兆元习文学医，和兆元因此成年后在医术方面也颇有造诣。影响和兆元习武创拳的另一位重要人物是他的姐夫李棠阶。李棠阶（1798—1865），字树南，号文园，又号强斋，谥号文清，是与赵堡镇邻近的南保封村人。李棠阶是晚清时期理学复兴的大儒，曾主讲河朔书院十三年，并担任过道光、咸丰、同治三朝皇帝的侍读。清朝道光年间进士，先后担任翰林院编修、太常寺少卿、工部尚书、礼部尚书、军机大臣、户部尚书等职。赵堡地区尚武之风浓郁，加之清

①洪浩，和有禄．和式太极拳述论［J］．河南社会科学，2007（9）：9-12.

朝道光年间社会动荡，李棠阶见少年时期的和兆元天资聪颖，活泼机敏，有习武的天分，便劝其兼习武技。和兆元在李棠阶的鼓舞下，经得其父同意，便拜师于赵堡镇一代名师陈清平。由于功夫出类拔萃并且尊师重道，和兆元深受陈清平的赏识，遂被其收为入室大弟子，得到了陈清平的倾囊相授，全面继承了陈清平的拳技理法。之后又常随李棠阶一同走访多地执行公务，在李棠阶身边一直担任着护卫、文秘等工作。李棠阶的日记中多有记载其“行功”“说拳”等相关内容，在其道光十八年的日记中便有“拳勇以虚灵为妙用，因人之力制人。不参己力，可悟圣学。未来不迎，已来不滞”等不少解析拳理的话语，他虽未提及自己习练太极拳，但是可以肯定的是李棠阶也是有一定武学造诣的，他对当时拳术的思考也完全符合现今太极拳的理论要求。李棠阶在河朔书院主讲时，他的日记中记载此期间多与和兆元议事、处理事情。和兆元跟随李棠阶走南行北执行公务，虽多次遭遇劫寇，但他都始终坚持以武技赢人，以武德服人。至今赵堡镇等地仍流传有不少关于和兆元脍炙人口的武功轶事。和兆元长期受到李棠阶理学思想及其对拳艺理解的影响，功夫日益精进，理论也有了长足的发展。陈清平曾夸赞和兆元“闻一知十，拳艺尤得骊珠之妙”，对和兆元的拳艺给予了充分的肯定。和兆元身为陈清平大弟子常代师授拳，所以一些后世研究者指出，和兆元对众师弟的拳架及理论具有较大的影响。河北永年人武禹襄也曾赴赵堡镇拜访陈清平，在

李棠阶

李亦畬手稿《太极拳小序》中记载武禹襄“研究数月，而精妙始得，神乎其技矣”。武禹襄与陈清平有师徒之情，身为陈清平大弟子的和兆元与武禹襄有同门之谊。和兆元与武禹襄或不免有切磋交流，武禹襄其后传出的《太极拳论》及其所著论述也有可能受到和兆元武学思想及行拳风格的影响。

同治元年之后，李棠阶升官至军机大臣，和兆元在护卫李棠阶进京供职期间，常会替李棠阶处理一些事务并担任校对、抄录工作，因和兆元长期辅佐李棠阶有功，清廷授予其“武信郎”一职，和兆元的处世能力及文化修为由此可见一斑。长期伴随李棠阶走南闯北造就了他丰富的阅历和广阔的气度，在北京供职期间由于经常与各派武林高手切磋交流、以武会友，京城武风的熏染也促进了他武学造诣的提升。和兆元晚年返回故里专研拳术，将毕生所学传授于和氏子孙，虽有代师授徒却并未收徒，处世低调，身份显贵却谦和内敛，他兼容并蓄各派武学精华与易理、儒家、道家理论，结合自幼所学中医知识而创编和式太极拳。由于和兆元所传拳架突出理论指导，强调体用一致、技理相合，故被称为“带理架”（“带理架”同“代理架”），顾名思义即蕴含理论的拳架。和兆元所创“带理架”对于太极拳法、理论发展起到了重要的作用，其本人亦留传有《太极拳谱》《太极拳要论》《要拳论》等拳谱、拳论。

和兆元

（二）第二代

和兆元育有四子，分别为和润芝、和勉芝、和敬芝、和慎芝。和兆元晚年将毕生所学传于子孙，子辈中拳艺突出者为润之、敬芝。

和润芝，字泽甫（1836—1916），和兆元长子，自幼随父习练拳术，研习医理，全面得承家学。和式太极拳历代宗师陵园对其碑文有如下记载："咸丰年间，于赵堡悬壶济世，其岐黄之术、太极拳神迹，素为大众所仰。润芝公德行素著，淡泊名利，令名播于乡里，时人尊之为'大师傅'。"和润芝以行医治病为业，除此之外他还兼任教书，并将拳术传子和庆喜、和庆文、和庆台。他与父亲和兆元一样未公开收徒，只将拳艺与人切磋。

和敬芝（1850—1918），字式甫，是和兆元的三子。文稻武略，拳术器械，皆得父亲真传。同治年间，随李棠阶之子李建参赞政务，曾辅佐过晚清"四大名臣"之一的张之洞，官至"文林郎"之职。其后在河朔书院讲学，群才兴焉，著有《高手武技论》传世。和敬芝晚年以讲学为业，也未公开收徒，仅将拳术传于子侄。

（三）第三代

和庆喜

和庆喜（1857—1936），字福棠，和兆元长孙，又得祖父亲传。为人和善，德高望重，身怀绝技而不露。为弘扬和式太极拳，晚年开山收徒授艺，他有教无类，因材施教，因人讲艺，在短短数年内，教出了一大批武学精英，如和学信、和学敏、柴玉柱、刘世英、郑伯英、郑悟清、郝玉朝、陈植林、郭云等技艺高超之门徒，他们日后都成为弘扬和式太极拳的中坚力量。1931 年，74 岁高龄的和庆喜亲自率徒参加河南省会开封国术擂台赛，其弟子之精湛拳艺，技压群雄，威震武坛，赢得“拳艺高水平”称号。

和庆文（1872—1948），和润芝次子。自幼秉承家学，医术拳艺皆通，尤精中医内科、跌打损伤及疑难杂病的诊治。开设“文盛堂”药号，治病救人，乐善好施，贫困病者，施医舍药，乡里同道皆推崇其人品。行医为业之外涉猎极广，其碑文中记有如下一事：“悬壶之余，雅好堪舆，山西某地素旱，多方掘井，均不得水。庆文公行医至此，嘱乡人于树下九步之遥掘井，竟得水源，村人视之为神。”赵堡村内还流传着许多关于他的奇闻轶事。1938 年，日寇祸华，和庆文举家迁避宝鸡，其子和学信、和学惠跟随父亲迁居避乱，并继承家族衣钵，终生行医习拳。

此外还有和润芝第三子和庆台等。和庆台早年外出经商，在上海滩享有“太极大师”的盛誉。晚年回归故里，将拳术传于其子和学俭及侯尔良等。

（四）第四代

第四代起，和氏家族已逾百年，家族内部族人也逐渐繁多，由于时局动荡，日寇祸华，大部分族人外迁，期间也造成众多资料遗失，对和式太极拳的发展有着很大的影响。

和学信（1890—1957），和庆文长子，自幼习医学拳。1928 年，父亲医业繁忙，伯父和庆喜开山教拳，便随伯父习祖传拳艺。和学信性格直爽，伯父为磨其性情，故加推辞，和学信锲而不舍，早晚侍奉在伯父身边，常念叨曰：“大伯，咱和家的宝贝您得给孩子留下。”伯父答曰：“我一无金银，二无珠宝，有啥宝贝？”和学信答曰：“宝贝就是咱家的太极拳。”经观察磨炼，和庆喜觉得和学信可承衣钵，遂不遗余力，亲传口授。和学信不负厚望，承祖传拳艺与医术于一身，成为和氏家学的主要承传人。抗日战争期间，迁避宝鸡业医教拳，新中国成立后返归故土赵堡镇，其子和士英、和士俊皆得和式太极拳真传。和学信中医拳艺无不精通，曾经整理收藏家族资料，其中便有多部拳理拳论，对于和式太极拳发展贡献显著。

和学惠（1910—1979），字子宣，和庆文次子。他在拳艺上得到伯父和庆喜亲传。新中国成立后，他也从陕西宝鸡返回故里赵堡镇。1979 年国家开始进行抢救挖掘传统武术工作，慕名前来拜访其学拳者络绎不绝，和学惠皆不遗余力，不厌其烦地耐心讲解示范。因经历特殊时期，所以传人不多，仅有子侄及同村的徐秋等人。

和学俭（1939—2002），为和庆台之子，自幼秉承家学，为人宽厚，20 世纪 90 年代时为和氏家族辈分最长者，所以在家族内部颇有威望。武艺方面深得和式太极拳之奥秘，且武德高尚，国内外武林同道前来切磋交流，他都以礼相待，以技服人，从不自傲拒人。他以“万两黄金不卖艺，十字街头送志人”为信条，将家传拳术择人而授，对待学生严格要求，倾囊相授并且从不收取费用。1993 年经有关部门批准成立了“赵堡和氏太极拳研究会”，他被推举为第一任会长，此后多次组织学生参加各类赛事，为推广和式太极拳作出了重要贡献。郑锡爵（1906—1961），和庆喜之高足，字伯英。功底扎实，身手不凡，1931 年，和庆喜率习拳未满三年的弟子参加开封国术擂台赛，郑伯英力克群雄，夺得第一。后任国民第四集团军总部武术教官。新中国成立后任西安市武术协会委员，在西安及西北地区广传和式太极拳，誉满西北，桃李盈门。与郑悟清一道被人誉为和式太极拳“西北二郑”，为弘扬和式太极拳作出了突出贡献。

郑悟清（1895—1984），字风臣。秉性朴实，先天体弱，从商务农，不堪事繁负重积成痼疾，奄奄不起。和庆喜见而怜之，授以回生健身之和式太极拳，终使其疾病痊愈，从此苦练不辍。1938 年，日寇入侵，转避西安。在西北先后授艺四十余载，学者遍及各行各业，为和式太极拳的继承、传播作出了重要贡献，与郑伯英并称为和式太极拳之“西北二郑”。

郑悟清与弟子合影

上述之外，还有和庆喜之子和学敏等。和庆喜于时势危乱之际迁居宝鸡，其他和式太极拳弟子也大多相继外出避乱，例如，郭云远走山西，陈桂林转从陕西，还有郝玉朝、刘世英等亦远走他乡。饱受背井离乡之苦的同时，他们也犹如火种一样使和式太极拳在全国各地逐渐得以广泛传播。

（五）第五代

第五代时，随着新中国成立，外迁和式太极拳族人、弟子等也大多逐渐返乡。改革开放以后，和氏太极家族的族人开始整理家族事务，年纪最长、威望最高的和士英曾一度为修撰家谱、整理拳论、搜集中医验方而努力，终将未竟事业交付于子孙。

和士英（1978—1987），字立明，和学信长子。全面继承家学中医、太极拳，为人直爽，颇具威望。一生施医舍药，医术精湛，医德高尚，为人敬仰。对拳法学习严谨求精，严格保持了家传拳法的原有风貌。1983 年，国家逐渐开始重视武术事业的发展，和士英便在行医闲暇之余，积极搜集、整理拳理拳论、中医验方，并手辑多本，为和式太极拳的传承与保护作出了重大贡献。和士英在拳法教学时要求颇为严格，如同自己亲身练习一样。在和有禄的书中曾记述了父亲和士英严格教授拳法的事例，并且还包括对家学中医的学习过程，由此不难看出和士英对待家学传承的严苛及对子女教育的良苦用心。和士英的传人有其子和定元、和定乾、和定中（又名和少平）、和定国（又名和有禄），侄子和定宇及侯福明、戴忠铭等。和学信次子和士俊，功夫同样出类拔萃。和宝森（士诚）与和宝国（士贤）在和氏家族中辈分较大，是当代和式太极拳具有代表性的人物。

另外，郑悟清弟子纪昌秀，在香港成立了“香港和式太极武术（国际）总会”并任会长。下设分会遍及世界各地，会员达一万多人。在海外积极推广和式太极拳，成绩斐然，被聘为香港武联副主席。其子张万强、女张万姝及弟子何均竟、陈然、潘宗豪、李君明在国内外历次比赛中均成绩优异。她为和式太极拳传向世界作出了积极贡献。郑悟清弟子刘瑞、侯尔良，郑伯英弟子张洪道、郭士奎、直存喜等也皆为和式太极拳门下技艺超群之传人。

（六）第六代

和氏太极家族第六世是和式太极拳重新崛起的一代，六世族人视拳若珍宝，积极弘扬推广，加之国家对传统武术的重视，和式太极拳逐步走上了更大的舞台。其中和士英之后人影响较大，和定乾、和定中（和少平）、和定国（和有禄）等皆为和式太极拳当代中兴的核心人物与关键力量。其武功事迹，限于文字，暂不细述。和定国（和有禄）之女和慧超也是和氏家族第一位武术硕士研究生，对于和式太极拳的当代传播发挥着积极的作用。

和定乾在教授和式太极拳棍

和有禄

诗人丁稚鸿先生曾为和式太极拳创作系列诗词，今从中择取《吟和式太极拳》《清平乐·赠和门慧超》两首如下：

吟和式太极拳

继往开来待后贤，千秋大业共承传。
和拳当以和为贵，种德流芳大道宽。

清平乐·赠和门慧超

祖传神技，起舞随君意。
潇洒一枝花独丽，他日红飞天地。
龙泉啸处云开，公孙今又重来。
和式门中巾帼，应是扫眉奇才。
注释：扫眉才，指一切有文才的女子。

第三节　和式太极拳当代传播

自和兆元创立和式太极拳后，和式太极拳经历了20世纪的战乱等特殊的历史时期，随着中国改革开放事业的进程，当代和式太极拳也迎来了自身又一个发展高峰。

一、和式太极拳当代发展轨迹

始于20世纪七八十年代的改革开放的春风，为中华大地带来了勃勃的生机与腾飞的动力。古老的传统武术开始逐渐迈出复兴的步伐，和式太极拳的当代中兴之路也由此开启。在以和定乾、和定中（和少平）、和定国（和有禄）等为代表的和式太极拳弟子传人的集体努力下，和式太极拳发展的综合基础一步步得以构建、充实，尤其是和式太极拳第六代传人和定国（和有禄）付出了大量的努力，起到了主要的决定作用。

和定国，又名和有禄，和士英的第四子，是和式太极拳现阶段的代表性人物，也是促使和式太极拳当代崛起的关键人物。和有禄搜集整理了和式太极拳的珍贵材料，多方拜访和式太极拳习练者，撰写了《和式太极拳谱》，这是和氏太极家族第一本公开著作，收录了和氏家传拳谱，总结了和式太极拳的风格特点、技理内容，较为全面地展示了和式太极拳。和有禄传拳的脚步遍布大江南北，并在多地成立了和式太极拳协会组织，使和式太极拳开始规模化发展。当前，规模宏大的“和式太极拳学院暨和文化苑”以及“和式太极拳历代宗师陵园”项目等已经完成。以此为标志，当代和式太极拳的发展正在进入一个全新的历史阶段。在当代中华文化伟大复兴的战略背景之下，和式太极拳以及中华武术中的其他拳种流派也无疑正面临一个空前的时代机遇。

值得一提的是，和式太极拳的稳步发展一方面归因于当代和式太极拳弟子传人的齐心协力，另一方面还得益于和式太极拳显著的健身康体作用，不少习练者都是在练习和式太极拳后多年顽疾逐渐消退乃至消失，因此他们更加积极地练习拳法，同时也积极地投入到和式太极拳的事业发展中去，这一现象不仅是包括和式太极拳在内的中华太极拳独特的健身养生价值的实证，而且说明了广泛的民间群众土壤对于太极拳发展的关键作用。

二、和式太极拳发展大事纪要

（1）1810 年，和式太极拳创始人和兆元诞生。

（2）1836 年，和兆元随李棠阶进北京。

（3）1928 年，和式太极拳第三代人和庆喜对外授徒。

（4）1993 年，赵堡和式太极拳研究会在赵堡成立。

（5）2003 年 6 月，人民体育出版社出版了由和有禄演示的和式太极拳、剑、刀、棍及和式太极拳推手教学光碟。由和有禄编著的《和式太极拳谱》于同年同月由人民体育出版社出版发行，此书是和氏家族第一本公开发行的太极拳著作。

（6）2003 年 12 月，中国武术协会在江苏徐州举办的全国太极拳培训班首次将和式太极拳单列为培训项目，邀请和式太极拳传人和有禄教授和式太极拳传统套路。

（7）2004 年 2 月，郑州市武术协会和式太极拳委员会成立。

（8）2004 年 3 月，和有禄先生应邀参加中国武术协会科研委员会扩大会议。并与会议专家、领导介绍了和式太极拳的源流、特点及其发展状况，受到与会代表的极大关注。

（9）2004年5月5日，和式太极拳学会在温县成立。

2004年5月5日，由温县体育局、民政局审查批准，和式太极拳学会在温县宣布成立。会长由和式太极拳第六代嫡系传人和有禄先生担任，和定乾、贾澎等分别任副会长、秘书长。温县体育局局长原福全和在温县参加河南省“武协杯”传统太极拳交流大会暨陈家沟太极拳邀请赛的马虹、傅大庆、陈全忠、高连成等各式太极拳传人也应邀参加了成立大会，并向和式太极拳学会的成立表示祝贺。大会上，会长和有禄先生对温县县委、县政府、温县体育局及社会各界对和式太极拳的关心和支持表示由衷的感谢，并对参加成立大会的各流派太极拳代表表示热烈的欢迎。原福全局长在讲话中提到，希望各式太极拳传人加强团结，增进协作和友谊，共同发展。尤其要重视传统太极拳的研究、继承，促进其发展。

（10）2004年8月，博武网“博武月度人物”揭晓，和有禄当选。

和有禄，赵堡和家嫡传。当代和式太极拳的代表人物。自三亚首届世界太极拳健康大会以后，影响日渐广泛。辞去公职，毅然全身心投入和式太极拳的推广之中，使和式太极拳在短短几年之中，迅速崛起。

（11）2004年10月，《简化和式太极拳十三式》一书在人民体育出版社出版发行。

2004年10月，人民体育出版社出版了《简化和式太极拳十三式》一书。该书是应广大赵堡和式太极拳爱好者的要求而编著出版的，便于广大和式太极拳爱好者学习。该书由和有禄先生编著，并附有和有禄先生亲自演练的彩色挂图。

（12）2004年11月，和式太极拳学会代表队在首届全国武术功力大赛上荣获佳绩。

2004年11月，和式太极拳学会代表队组队参加首届全国武术功力大赛。共有参赛队员四人，参加了六个竞赛项目中的三项角逐。

此次赛事设有规定竞赛项目、自选项目、特邀项目3类。其中规定项目共设单掌断砖、石锁上拳、对拧长杆、抛接沙袋、绳镖击靶和桩上徒搏6个项目。在比赛中，和式太极拳代表队徐拥军力挫群雄，勇夺桩上徒博冠军，和东升获桩上徒搏第三名。石小东力夺抛接沙袋冠军。和永生获得对拧长杆第三名，石小东获得对拧长杆第五名。

首届全国武术功力大赛有来自全国20多个省的武林好手进行了角逐。其中，和式太极拳学会代表队是唯一一支太极拳参赛队。

（13）2004年11月，和有禄先生应汕头市武术协会邀请，到汕头市交流太极拳。

（14）2004年12月，和有禄当选“武林网”2004武林十大人物。

（15）2004年12月19日，焦作市和式太极拳协会成立。

焦作市和式太极拳协会在广大和式太极拳爱好者的积极筹备下，于2004年12月19日上午在焦作市豫轮大酒店宣布成立。焦作市体育局、民政局、温县体育局的领导出席了协会成立仪式。该协会是经焦作市体育局批准，在民政局注册的合法协会。

（16）2004年12月21日，和有禄诉张杰、《武当》杂志名誉权纠纷一案胜诉。

该案件在社会上引起了极大的关注，中央电视台6月29日在《今日说法》栏目中，以《太极寻宗》为题制作了专题节目。河南卫视、河南电视台都市频道在《河南新闻》及《都市报道》中两次予以报道。河南电视台法制频道《法制时段》《走进法庭》栏目均制作了专题节目予以关注。《人民法院报》《大河报》《河南商报》《东方今报》《焦作日报》及《中华武术》《少林与太极》《公民与法》等报刊杂志和多家网站给予了极大的关注。

（17）2005年3月，和有禄先生编著的《和式太极拳谱》版权交流到中国台湾及港澳，以繁体中文版本出版发行。

2005年3月，和有禄编著的《和式太极拳谱》版权交流到中国台湾，台湾大展出版社与人民体育出版社协商，并征得该书作者和有禄同意，《和式太极拳谱》在台湾及港澳以繁体中文版本出版发行。

（18）2005年5月14日，和式太极拳举办万名大学生表演比赛。

2005年5月14日上午，由漯河职业技术教育学院团委、漯河市和式太极拳推广中心联合举办的“中国大学生支持武术进奥运万人太极拳比赛暨签名仪式”隆重举行。来自全院12系（部）的近万人参加了比赛、表演暨签名仪式。此次表演是首次由万名大学生表演和式太极拳。

（19）2005年6月5日，和式太极拳走进上海体育学院民族传统体育学专业博士点。

2005 年 6 月 5 日下午，上海体育学院图书馆前的草坪上，和式太极拳传人和有禄先生应邀，对上海体育学院民族传统体育学博士进行和式太极拳的教学、交流活动。2002、2003、2004 届在校博士均参加了和式太极拳的学习。

（20）2005 年 6 月 29 日，中央电视台《今日说法》播出和有禄维权始末。

（21）2005 年 8 月 21 日，和式太极拳创始人和兆元先生诞辰 195 周年纪念会召开。

2005 年 8 月 21 日，由温县武协举办了和式太极拳创始人和兆元诞辰 195 周年纪念活动。参加此次纪念活动的有国家体育总局武术运动管理中心主任、中国武术协会主席王筱麟，国家体育总局武术运动管理中心科研部主任康戈武，河南省体育局武术运动管理中心张耀敏，上海体育学院教授、博士生导师邱丕相，焦作市政协主席、焦作市太极拳研究会会长赵功佩，温县人民政府常务副县长刘同旺，温县武术协会会长史绍文等领导。纪念活动由温县武术协会秘书长原福全主持。参加纪念活动的还有太极拳各流派的知名人士以及来自全国各地和式太极拳传人的代表二百余人。

（22）2005 年 8 月，和式太极拳在中国・焦作国际太极拳交流大赛上展新姿。

和式太极拳学会、焦作和式太极拳协会在 2005 年 8 月举办的中国・焦作国际太极拳交流大赛上女子获得一个推手冠军，男子获得一个亚军和一个第四、第五，两个第六的好成绩。在套路比赛中获得多个一等奖和二等奖。这次交流大会在参加的六个流派中，传统赵堡和式太极拳的参赛人数是第二。

（23）2005 年 9 月，和有禄先生赴韩国全州市参加 2005 年国际武术交流大会。

（24）2005 年 11 月，和式太极拳学会在深圳第二届全国武术功力大赛上获佳绩。

（25）2005 年，和有禄应中国武术协会邀请参加第二届世界太极拳健康大会。

在 2005 年 12 月 18—20 日第二届世界太极拳健康大会上，和有禄先生正式受中国武术协会邀请，作为和式太极拳代表人物参加了大会，这也是中国武术协会对和式太极拳近些年迅速发展的肯定。并且，和式太极拳传人获得九个一等奖、七个二等奖的佳绩。

（26）2006 年 8 月，和有禄参与编写的《武术功法教程——竞技功法》出版发行。

武术功力比赛是当年由中国武术协会开展的一项新兴武术赛事，和有禄承担了桩上徒搏项目的试验工作，为该项目竞赛规则的完善、技术体系的研究整理、教学训练方法的探索等方面作出了积极的贡献。2004—2008 年，和有禄五次担任“武术功力项目教练员、裁判员培训班”的教练员及全国武术功力大赛的裁判员工作。

（27）2006 年 8 月，和式太极拳学会会长和有禄应邀赴河南大学进行了太极拳交流。

2006 年 8 月，和式太极拳学会会长和有禄应邀赴河南大学进行太极拳交流，河南大学民族传统体育学专业的部分研究生、本科生以及太极拳爱好者参加了和式太极拳的理论与技术培训。

（28）2006 年 9 月，和有禄应西安体育学院的邀请，赴西安体育学院武术系进行了太极拳推手讲学。

2006 年 9 月，和有禄应西安体育学院的邀请，赴西安体育学院武术系进行太极拳推手讲学，西安体育学院武术系散打教研室、套路教研室的十余名老师和部分研究生参加了太极拳推手的学习。

（29）2006 年 10 月，和式太极拳传人组队参加第二届世界传统武术节。

2006 年 10 月，在第二届世界传统武术节上，和式太极拳学会组织来自河南、吉林、广东、陕西等地的和式太极拳传人 20 余人参加了比赛。其中有 9 人次获得金牌。比赛期间和式太极拳传人自发组织的传统和式太极拳、械表演赢得了中外武术爱好者的青睐。

（30）2006 年 11 月，和式太极拳学会配合焦作市太极拳研究会、温县人民政府，成功举办了首届赵堡和式太极拳观摩交流大会。

2006 年 11 月，和式太极拳学会配合焦作市太极拳研究会、温县人民政府，成功举办首届赵堡和式太极拳观摩交流大会，来自全国 15 个省、市、自治区的 52 支参赛队、15 支观摩队，共 600 多名太极拳选手齐聚温县，进行了为期两天的比赛交流。

（31）2007 年 3 月永城市举办“首届和式太极拳交流大会”。

2007 年 3 月 1 日，在豫东明珠——永城市，由永煤集团工会主办的“永城市首届和式太极拳交流大会”，在永煤集团文体中心隆重举办。永城市教体局赵海涛局长、永煤集团工会黄德育部长等参加了大会，和式太极拳学会会长和有禄、副会长和定乾专程参加了该交流会。来自永煤集团、永城市的近百名和式太极拳爱好者参加了这次大会。龙宇能源股份有限公司市场营销部部长李海仁主持开幕式，永城市教体局赵海涛局长、永煤集团工会黄德育部长、和式太极拳学会会长和有禄分别作了讲话，副会长和定乾宣读了“永城市和式太极拳协会筹委会”名单。简短的开幕式后，和式太极拳传人各展风采，进行了精彩的和式太极拳套路、推手等表演。

（32）2007 年 3 月 25 日，漯河市和式太极拳研究会成立。

（33）2007 年 5 月，和式太极名家和有禄赴新乡讲学。

2007 年 5 月，和式太极拳传人和有禄到新乡市，应邀到武术技击培训中心和新乡市体育中心大中华武术健身俱乐部参观、讲学。和有禄就武术、太极拳发展的前景以及太极拳的技击防身术作了讲解、示范，受到了青少年和家长的热烈欢迎，增强了青少年学习太极拳的信心。参加学习的多名青少年，让人们改变了太极拳是“老人拳”的观念。

（34）2007 年 7 月，温县和式太极拳学会举行迁址揭牌仪式。

2007 年 7 月 26 日，温县和式太极拳学会成立三周年迁址揭牌仪式在温县商贸城和有禄先生的新居举行。焦作市太极拳研究会副会长阎文胜，温县政协主席周清水，体育局局长宋明军，温县太极拳研究发展中心常务副主任史绍文，赵堡村委主任侯定、支部副书记李根发，陈家沟村委主任张蔚珍，太极网总经理刘洪奇，太极名家和定乾、和有禄、陈骁伍等出席了揭牌仪式。揭牌仪式由温县太极拳研究发展中心秘书长原福全主持，温县政协主席周清水、体育局局长宋明军为和式太极拳学会揭牌。焦作市太极拳研究会副会长阎文胜、温县政协主席周清水在揭牌仪式上作了讲话。充分肯定了和式太极拳学会几年来为和式太极拳的传播发展作出的努力，并勉励和式太极拳传人借助有关部门认定和式太极拳为六大门派之一的东风，进一步为太极拳事业的发展作出贡献。学会迁址揭牌，标志着和式太极拳爱好者从此有了一个固定的交流学习场所，将会更有利于推动和式太极拳的发展。温县和式太极拳学会是由当代太极拳名家、和式太极拳代表人物和有禄先生发起成立，旨在研究、继承、完善和式太极拳拳法拳理，致力于和式太极拳在世界各地的弘扬和推广，为人类健康、创建和谐社会服务。

（35）2007 年 7 月 26 日，太极拳名家和有禄收徒。

（36）2007 年 8 月，新乡市和式太极拳推广中心挂牌。

（37）2007 年 8 月 19 日，和有禄主讲太极拳名家讲堂——和式太极拳班。

2007 年 8 月 19 日结束的由中华武术杂志、人民体育出版社联合举办的第二期太极拳名家讲堂，首次聚集了陈式、杨式、武式、吴式、孙式、和式六大传统太极拳流派的顶级名家和竞赛太极拳世界冠军集中全天授拳。和式太极拳班特别引人瞩目，从讲师到学员相对年轻化，显得生机勃发。

（38）2007 年 8 月，和有禄先生等人被河南大学聘为客座教授。

和有禄、陈小旺、崔仲三、李秉慈、翟维传、孙宛荣、邱慧芳等武术界大师级人物被河南大学聘为客座教授。

（39）2007 年 10 月，韩国邀请和有禄赴首尔进行太极拳交流访问。

2007 年 10 月 26 日，应韩国有关方面的邀请，和有禄赴韩国首尔进行太极拳的交流访问。一同前去的还有李秉慈、孙宛荣、孙宝亨姐弟、王西安、李德印、翟维传、崔仲三、邱慧芳等。和有禄先生被首尔掤捋挤按太极拳学校聘为教授。

（40）中国武术协会邀和有禄老师在功法培训班讲学。

2007 年“全国武术功力大赛教练员、裁判员资格培训班”在江苏徐州师范大学举行。来自全国近 300 名学员参加了培训。培训班邀请了和式太极拳学会会长、和式太极拳第六代传人、中国武术七段和有禄先生在培训班上讲解了功力大赛规定项目之一——桩上徒搏项目。

（41）博武网：中国当代百位优秀武术家，和式太极拳家和有禄当选。

（42）2007 年 11 月 11 日，焦作市和式太极拳协会举办全民健身展示活动。

（43）2007 年 12 月，和有禄老师授拳江西龙南。

（44）2007 年 12 月 28 日，和有禄应邀执裁第四届武术功力大赛。

在 2007 年 12 月 28 日结束的第四届全国武术功力大赛上，和有禄应中国武术协会的邀请作为大赛的裁判员，并被大会评选为优秀裁判员。这是和有禄连续四次应邀执裁全国武术功力大赛。

（45）2008年5月，和式太极拳学会会长和有禄应中国武术协会邀请，赴北京参加《中国武术段位制系列教程》的编撰工作。

2008年5月，和式太极拳学会会长和有禄应中国武术协会邀请，赴北京参加《中国武术段位制系列教程》的编撰工作，完成了和式太极拳1-6段的单练、对打套路。《中国武术段位制系列教程》和式太极拳的编撰，标志着和式太极拳成为国家体育总局武术运动管理中心认定的太极拳流派。

随后，由中国武术协会审定、国家体育总局武术研究院监制的大型电视教学片《中华武藏》又推出了由和有禄主讲演练的和式太极拳系列。和式太极拳的研究促进了和式太极拳的普及与发展。

（46）2008年7月，温县和式太极拳学会配合温县体育局，成功举办了第二届赵堡和式太极拳观摩交流大会。

2008年7月，温县和式太极拳学会配合温县体育局，成功举办第二届赵堡和式太极拳观摩交流大会。来自全国15个省、市、自治区的52支参赛队、15支观摩队的400多名太极拳选手齐聚温县，进行了为期三天的比赛交流。

（47）2008年10月初，新乡市机电专科学校和式太极拳培训班开班，50余名学生参加了传统和式太极拳的培训。

（48）2008年12月5日，和式太极拳学会会长和有禄应焦作市太极拳研究会和焦作师范高等专科学校的邀请在师专礼堂做了专场报告。

报告会由焦作市原政协主席、市太极拳研究会会长赵功佩先生主持。焦作市政协副主席穆玉华，市政协文教卫主任曹国魁，以及来自师专的领导、体育系的师生和焦作市各流派太极拳爱好者近300人参加了报告会。

（49）2008年12月13日，在温县和式太极拳学会的支持下，河南省平顶山市和式太极拳研究会成立。

（50）2009年1月，以温县和式太极拳学会名义申报的和式太极拳非物质文化遗产名录分别通过了县、市两级的评审并公布。

（51）2009年4月，和有禄当选政协焦作市十二届委员会常委。

（52）2009年5月，和式太极拳非物质文化遗产名录通过了省级的评审并公布。

（53）2010年和有禄被推荐为非物质文化遗产——和式太极拳代表性传承人。

河南省文化厅依照《河南省非物质文化遗产代表性传承人命名暂行办法》，组织专家对各地申报的省级非物质文化遗产代表性传承人进行了评审论证，并面向社会进行了为期10天的公示，广泛征求意见。和有禄被评为第二批省级非物质文化遗产项目代表性传承人，河南省的省级非物质文化遗产代表性传承人达到了452人。

（54）2010年3月6日，中央电视台在温县拍摄和式太极拳。

2010年3月6日，中央电视台体育频道《运动空间》栏目组来到温县拍摄大型纪录片《太极拳秘境》。该片由世界太极拳冠军邱慧芳拜访陈、杨、吴、和、武、孙六大流派名家为线索，各流派名家对各派太极拳的特点、技法、健身作用、拆招应用进行详细讲解。在温县拍摄和式太极拳与陈式太极拳，和式太极拳由和式第六代嫡传、代表人物之一和有禄主讲，陈式太极拳由陈小旺主讲。该片于同年8月在央视五套播出，反响极佳。

（55）2010年4月14日，和式太极拳学会为玉树灾区捐款。

（56）2010年5月，“和式”太极名师喜收爱徒，众弟子终圆“拜师”梦。

（57）2010年5月28日，中国武术段位制教程和式太极拳考评班在焦作市体育中心体育馆开班。

这一期考评班由国家体育总局武术研究院、中国武术协会主办，市体育局、市太极拳研究会承办，就和式太极拳1-6段的技术和教学法进行集中培训。经过严格的考试，对成绩优秀的104名学员授予中段位。

（58）2010年8月20日，第三届（赵堡）和式太极拳观摩交流大会隆重开幕。

2010年是和式太极拳创始人和兆元先生诞辰200周年，为纪念一代太极宗师对弘扬、发展太极拳所作出的突出贡献，焦作市体育局、温县人民政府、焦作市太极拳研究会联合举办了第三届和式太极拳交流大赛。

此次比赛共吸引全国47支代表队，400多名运动员参赛。同时，来自四面八方的100余名观摩人员也兴致勃勃地参观比赛，学习切磋。

在此期间和式太极拳高峰论坛成功举办。研讨会上，来自温县和全国各地的和式太极拳名家和爱好者，分别阐述了自己的论文和习武心得。和式太极拳传人、赵堡和式太极拳研究会会长和有禄作了《和式太极拳之三直五顺》的演讲，侯尔良、和保森等名家结合自己多年来习练太极拳的切身体验，向大家传授了一些习武心得和经验。原中国武术协会秘书长、国家体育总局武术研究院专家委员会执行专家康戈武作了题为《和式太极拳研究的新任务》的报告，报告详细阐述了和式太极拳由架到式的发展过程，以及对和式太极拳技术、理论的认识与发现等内容。整个报告内容丰富、论证翔实，与会人员深受启发和教育。

（59）2010年8月26日至9月1日，和有禄作为太极拳名家受邀到长春参加吉林省首届太极拳大会。

（60）2010年9月，“中国—东盟太极一家亲”国际太极拳名家交流大会，和有禄参加了这次大会，并现场指导南宁市民练习太极拳，与邕城高校学子面对面交流太极拳心得。

（61）2010年10月10日，焦作市和式太极拳协会组织20余人参加了邯郸（永年）国际太极拳峰会，并且参加了大会组织的各项比赛及“邯郸论剑”，又一次展示了和式太极拳的魅力和风采。

（62）2010年10月31日，第三届焦作市和式太极拳协会换届大会成功召开。

（63）2010年11月1日，“凯莱杯”焦作市太极拳锦标赛在焦作市体育馆武术场馆举办。焦作市和式太极拳协会代表队、温县和式太极拳学会代表队参加了比赛。

（64）2010年12月，焦作和式太极拳协会由秘书长张绍均带队，参加了在杭州举办的第三届国际太极拳健康大会，喜获4金6银的好成绩。

（65）2010年12月11日，第七届全国武术功力比赛在河南大学体育学院举行，各地和式太极拳传人20余人参加了桩上徒搏等项目的比赛。

（66）2012年和式太极拳团拜。

（67）2012年和式太极拳的几件大事：

①举办第四届和式太极拳交流大赛；

②申报国家级非物质文化遗产项目；

③编写简化和式太极拳教材；

④温县和式太极拳学院建设；

⑤拍摄一部和式太极拳形象宣传片。

（68）2013 年和式太极拳学会申报国家级非物质文化遗产项目，通过省非遗保护中心并报送国家相关部门。

（69）温县和式太极拳学院自 2013 年积极推进学院的各项筹建工作，完成了项目规划并通过了审批，用地指标已批，可行性研究报告等工作，目前正在配合相关单位做学院开工建设的准备工作。

（70）2014 年 6 月份开始，先后应中国武术协会邀请在西安、昆明两点举办的中国武术段位制巡讲活动——和式太极拳班主讲和式太极拳段位制教程，来自全国各地的人员近百人参加了培训。

（71）2014 年 7—8 月份，在焦作市教育局组织的全市体育教师培训班上，增加了和式太极拳精要十八式的内容，使全市近千名中小学体育教师分三期参加了培训，为和式太极拳走向学校打下了基础。

（72）2014 年 7 月初，应邀到美国参加国际太极拳交流论坛，向与会的来自世界各地的三百余人培训讲解了和式太极拳，拓宽了和式太极拳走向国际的道路。

（73）2014 年 8 月，第五届和式太极拳交流大赛暨非物质文化遗产项目——和式太极拳展演大会和和式太极拳高峰论坛召开，来自全国各地五百余人参加了活动，有力地促进了和式太极拳的普及提高。

（74）2014 年 8 月，牵头修建的和式太极拳祖师陵园已完工并对外开放。

和式太极拳交流大赛

第三章　和式太极拳特征与武学体系

2014年12月3日，和式太极拳以“源流有序、拳理明晰、风格独特、自成体系”被列为中国非物质文化遗产。随着和式太极拳的持续发展，具有独特风格的和式太极拳技术、理论，以及武学体系正日益引起社会各界的密切关注。

第一节　和式太极拳技术特征

发祥于温县赵堡的和式太极拳除具有一般太极拳的特征外，在理论、技术技法、器械套路、强身养生方面皆有其自身的独特之处。这一现象，无疑与和式太极拳创始人特殊的家庭背景、生活阅历、时代环境等有着直接关联。和式太极拳是和兆元在陈清平所传陈式太极拳小架基础上结合理学、医学特点而创立的一种太极拳体系，因此，它既体现着中华太极拳学的一般内涵与特点，承载着陈式太极拳法的技术特点与拳理元素，同时也有与陈式太极拳等其他太极拳流派的相对区别之处。

一、和式太极拳技术整体特征

因为深度融合了传统理学内容，和式太极拳又称代理架。在传统理学思想的熏陶下，和式太极拳技术与理论高度融合，体用一致，练养合一，拳架自然柔活，顺遂浑圆，以拳技而理体内中和之气，二气阴阳和合以达于外，故称“代理”。和兆元出生于中医世家，自幼习文学医，精通医理，其后世子孙继承了中医世家的传统，传统中医技理特点由此也始终得以在和式太极拳法体系中有机贯穿，受此耳濡目染，和式太极拳弟子大多也通中医、识理学，中医与理学的一脉相承构成了和式太极拳一项鲜明的武学特征与文化特征。

太极拳之所以具有独特的健身养生效用，一个重要的因素在于其对传统中医经络理论以及道家导引养生功法的吸收与借鉴。导引和吐纳是古代流行的一种养生术，主要是通过呼吸、手足屈伸等形体运动，使身体各部血液精气畅通无阻，从而达到身体健康。行气和导引是养生学中的两种主要运动形态。其保健和治疗功能，体现在无病用于预防，有病用于治疗，病后用于康复①。传统经络理论是研究人体经络系统的生理、病理变化及其与脏腑相互关系的学说，是中医理论体系的重要组成部分，中医辩证施治整体观的突出体现。把导引和吐纳与中医经络理论有机地结合，也使得太极拳具有了普通体育运动项目所难以具备的保健养生、祛病强身的综合功能。陈王廷把家传一百零八式长拳等动作与导引、吐纳巧妙结合，在周身放松的前提下，使形体运动符合并能够促进血液的循环，既起到了练拳养生的效果，又有利于身体健康前提下的武术技击功能发挥，一举奠定了太极拳在中华武术体系中的地位与作用。和式太极拳继承了这一太极拳的传统特点，它在陈式太极小架拳的基础上创编而成，同时又具有在太极拳流派创始人群体中所少见的理学陶冶与中医家学。它不仅吸收了陈式太极拳的理技精髓，而且继承了太极拳的文化内涵，还融合了传统理学和中医家学而生成了独具特色的拳理文化和技术体系。正是因为上述因素，在传统武林中，和兆元所创太极拳在习惯上又俗称为“代理架”，和式太极拳诞生地温县赵堡镇一带，通常还把练习和式太极拳称为“耍拳”，这一点也是和式太极拳区别于其他太极拳流派的最为显著的整体特征。和式太极拳行功走架时讲求自然本真，神意自然。在和式太极拳的创始人和兆元所传，和庆喜整理的《耍拳论》中曾专门强调：“太极拳用功之为‘耍拳’，此吾和氏太极拳独特之处。”这一话语，指出了

①雷震．吐纳行气术与保健治疗功——试析汉简《引书》和帛画《导引图》［J］．成都体育学院学报，2004（6）：33-35.

拳易合一、医理交融的和式太极拳“耍拳”的特征与拳学真谛。

从人类健康角度来看，21 世纪显然是人类自我保健意识日益增长的世纪，人类自我保健手段中，融健身、养生、技击、娱乐为一体，蕴含东方智慧的太极拳无疑是最卓有成效的保健养生方式之一。近年来，和式太极拳以其独特的技术特点与运动风格，与众不同的文化内涵与理论特色，逐渐得到世界各国人民的重视，和式太极拳所彰显的“耍拳”更是吸引了广大太极拳爱好者的目光。“耍拳”崇尚的是自然归真。练拳走架时神意活泼，招势柔顺圆活，呼吸自然顺畅。“耍拳”的运动方式，旨在符合人体的生理规律和生命科学，也正是太极拳天然的健身养生功效的科学体现。由于太极拳本身便是和合文化在武术拳种体系中的典型演绎，“耍拳”理论在契合现代人养生保健观念的同时，还自然而然地逐步与当代中华国学勃兴有机联系起来，随着国学热潮的掀起，人们崇尚自然、天人合一的养生理念被越来越多的人推崇。这些古老而又充满哲理的思想，指引着人们寻找契合自然、天人合一的锻炼修身的运动方式。当代和式太极拳发展越来越呈现出强大的生命力，在相当程度上也可以说是“耍拳”特征的优势体现。从时代发展的前景来看，“耍拳”理论是应时应机的，这也成为和式太极拳日渐吸引千千万万习练者的主要原因之一。

二、和式太极拳技术具体特征

和庆喜在整理和兆元所传的《耍拳论》中指出，所谓“耍拳”是指在行功走架过程中，要求自然、松柔、轻灵，如儿童玩耍一般自如，不必用意使气，更不能显示发劲。“它的取法是根据老庄自然之道，《易》学阴阳之理及以弱胜强、无为而为之论。以柔中求刚为目的，以轻灵自然为原则，以中正平圆为用功方法，此三者为和氏‘耍拳’之准则。”这一论述，明确地阐释了和式太极拳的技术特点。和式太极拳强调理法自然，势势处处以后天引先天，顺乎天地人三才自然，行拳过程中把拳当成一种放松自我、调节情操的娱乐方式，如儿童玩耍般自如，不用意使气、也不用故意用力，它既继承了陈式太极拳的几大技术特点，如意气运动、身肢放长的弹性运动，虚实运动、刚柔相济等特点，同时也体现了本门拳法独特的技术特征。

总体来看，和式太极拳的技术特点可以归纳为“合、顺、中、平、轻、柔、圆、活”八个字，其相应分析具体如下。

“合”：在运动过程中，习练者周身上下、四肢百骸都要相互配合，协调一致，使全身各部动作的幅度、发力的大小及方向，各肢体的相对位置恰到好处，没有过与不及的情况。“合”又是自然的、全面的“合”，包括内外相合、上下相合、左右相合、前后相合等。在练习和式太极拳时，我们也要做到周身相合，比如说肩与胯合、肘与膝合、手与足合等，处处做到相合时动作紧凑，不松，使周身之劲融为一体。

“顺”：在习拳中体现为顺手、顺脚、顺身、顺腿和顺意等。意指保持动作畅通，有利于气血顺畅，经络畅通，长期练习可达到健身和养生的功效。

“中”：指中正、不偏不倚。在习拳过程中，我们身体始终要保持立身中正、不摇不晃，和式太极拳论中对于“中”字的解释有如坐轿之说，不论拳势前进后移，身体始终像静坐一样，端正不偏不倚，这也是对练拳者的身形要求。

“平”：强调练拳时始终要保持心平气和的状态。在行拳走架过程中，各个关节像有根无形绳线牵拉，一动无有不动，一静无有不静，始终保持两肩平、头平、心平。心平才能气和，气和才能身体沉稳，身体沉稳才能身不散不乱。

“轻”：寓意轻如羽毛。在练习和式太极拳时，习练者行功走架都要保持轻灵的状态，轻则灵、灵则巧，轻巧灵便才能步入人不知我、我独知人、无形无象、随心随意的境界。

“柔”：以柔克刚，柔中寓刚，松柔自然，刚柔相济。这是太极拳普遍的技术原则，和式太极拳强调柔是刚的基础，柔又可以达到克刚的效果。柔不是弱，也不是它本身的目的，而是一个起到起劲化力的手段。通过松柔自然的盘架，去除后天的拙力，从而可以生出自然之道，达到化僵为柔、积柔成刚的效果。

“圆”：一圆即太极。击右右空，击左左空，无处受力。圆是活的基础，和式太极拳又有“活太极”“步活圈圆”的说法，行拳走势，以圆为主，身体走圆、手画圆、步走圆，周身无处不走圆，形成大圈套小圈，小圈套大圈，浑身处处都是圈，灵活连贯。

“活”：和式太极拳要求步法灵活，要求进必跟、退必随，步法灵活，能进能退，体现自然圆活之态。

相关研究者通过对陈式太极拳与和式太极拳的形成、内容、特点进行对比分析，发现两个拳种有着许多相同之处，也有着不同之处，这种原因归结于时间的流转，创拳者对太极的领悟发生了改变，在创编拳种的过程中编创了自己所理解的太极拳。但是不管怎么编创，太极拳的本质不变[①]。以“合、顺、中、平、轻、柔、圆、活”八个字为表征的和式太极拳技术特点，一方面凸显了自身的鲜明特色，另一方面也生动地验证了“天下太极是一家”的传统武林谚语。

第二节　和式太极拳拳学风格

如果说“耍拳”是和式太极拳区别于其他太极拳流派的显著整体特征，“合、顺、中、平、轻、柔、圆、活”八个字构成了和式太极拳的基本技术特点，那么，“理技相合、注重整体”则堪称是和式太极拳突出的拳学风格。

一、理技相合的和式太极拳学

和式太极拳具有“理无拳不明、拳无理不精”的说法，这种说法既强调练习拳术要在理论指导下修炼，同时也蕴含有一定程度上的学拳悟道、习艺明理的意旨。

和兆元所创的太极拳被称为“代理架”，是因为拳架以中华传统《周易》哲理为指导，摹圆形之象，取阴阳、五行、八卦之意，用阴阳变易、五行相克、天人合一之理，象形取意而成。和氏家传的《太极拳体用总歌》中有云：“一圆即太极，上下分两仪，进退四象，开合是乾坤，出入综坎离，领落错震巽，迎抵推艮兑。”圆为太极之象，运动时以走圆为基础，以身体相应部位的上下、进退、开合、出入、领落、迎抵等有阴阳关系动作的不同

①张银萍．陈式太极拳与和式太极拳对比分析［J］．中华武术·研究，2016（8）：63-67，83.

组合，形成太极拳一动无不动，周身协调、连贯圆转的运动特色。阴阳变化时产生的分、合劲力，则形成太极拳千变万化的技击方法。对于谙熟太极拳理法的高手来说，一招一势之中太极、两仪、四象、八卦俱可呈现。和氏拳谱中和兆元所绘的“人身太极图”与《太极拳体用总歌》珠联璧合，进一步阐明了和式太极拳技理相合的特点。和式太极拳论认为，人体有左右两胁，进而分两肩、两胯四大节，两肘、两膝，两手、两脚八小节，恰好与《周易·系辞》中的“易有太极，是生两仪，两仪生四象，四象生八卦”之说相对应。

刘巧芳在《综评和兆元创“代理架”和式太极拳“理”之内涵》一文中指出，和式太极拳在行拳走架中要求三直、五顺、六合，三直是指头直、身直、小腿直，三直又称三挺，在和有禄著《和式太极拳谱》中有拳理记载：

三挺即颈项要挺，颈项挺则头部正直精贯顶；脊骨要挺，脊骨挺则力达四梢，气鼓全身；腿膝下挺，腿膝下挺则如树生根。

五顺即顺身、顺腿、顺手、顺脚、顺意。顺者，通达不别扭。意何往，身必何往。顺是一种自然一种规律，符合人体生理结构和人体解剖学的要求。顺是做好一切可能的前提，所以不论是行拳走架还是推手技击或是养生都必须注意五顺。

六合是太极拳练习过程中的一项传统要求，六合指内三合和外三合，总称六合。“外三合”是指在练拳走架和推手练习过程中要做到手与足合、肩与胯合、肘与膝合。“内三合”是指心与意合、气与力合、筋与骨合。和式太极拳在行拳走架过程中非常讲究内外三合。所有这些行拳走架的技术要求终究还是要让练习者顺其自然，自然而然，归根结底还是要明白习拳习的是自然之技，练拳练的是自然之理。

理技相合的和式太极拳也突出地体现了练养合一的拳学特点。我国古代的导引和吐纳，源远流长，在春秋战国时期的《老子》《孟子》《庄子》等著作中已出现过与导引、吐纳相关的论述，汉初淮南王刘安又编成了以导引养生为主题的“六禽戏”，后汉著名医学家华佗则在“六禽戏”的基础上创新为“五禽戏”并成为后世气功导引与内功养生之术的先导，也是道家养生学的基石。陈式太极拳宗师陈王廷在参研《黄庭经》的过程中开创性地把武术中的手、眼、身、步法的协调动作与导引、吐纳有机地结合起来，从而使太极拳成为内外统一的内功拳运动。这对增强人们的体质，提高拳术技巧，丰富武术内涵而言，堪称是一种创造性的发展。结合了导引、吐纳之术的陈式太极拳采取全身放松，用意不用力的锻炼原则，由松入柔，运柔成刚，刚复归柔，刚柔相济，这种独特的运动特点，也为提高武术技击水平提供了极有价值的锻炼方法。但是，相比较而言，和式太极拳在练养合一方面的特点似乎体现得更为明显。

和式太极拳创始人和兆元是在从学陈式太极拳的基础上创立的和式太极拳，因此，可以说和式太极拳具有陈式太极拳所代表的太极拳元素的客观基础。和兆元出身中医世家，自幼学习医学，通晓医理，其融合了医学内涵所创的太极拳新架与中医治病健身理法高度一致。和兆元平生深受理学影响，宋明理学的“天人合一”观念由此也对和式太极拳的创编产生了积极作用。宋明大儒朱熹、二程（程颢、程颐）、陆（陆九渊）、王（王阳明）的理气之辩、心性之说，以及周敦颐的太极图理论等潜移默化地对和式太极拳的拳理拳论发挥了积极作用。在传统中医理论与这些优秀文化经典的共同涵化与熏陶之下，和式太极拳的技理特征也愈加在养生健身方面得到有效体现。例如，和式太极拳讲究练功时辰顺应天时，合乎自然规律，其拳理曰：“寅时面南，松身凝神，吐纳自然，撮抵桥通，阴阳和合，攒簇五行，子午卯酉，朔望漾应，慎而密之，久行功成。”行功顺应天时，使自然阴阳与人体阴阳，先天阴阳与后天阴阳互补，天人一体，收行功最佳效果。

中医认为：“阴平阳秘，精神乃治。”人体正常的生命现象和生理功能，是阴阳两方面保持平衡的结果，人体阴平阳秘的相对平衡遭到破坏，出现了偏盛偏衰即生发疾病。正如张景岳的中医名著《医易义》所述：“人生之理，以阴阳二气养百骸，易者，易也，具阴阳动静之妙，医者，意也，合阴阳消长之机。”身体的气血、脏腑、经络失衡是疾病发生发展的根本原因。和式太极拳之理来源于《周易》与中医，因此，在拳法招势中处处无过不及，不贪不欠，阴阳无偏，由外形的阴阳动态平衡，带动内在气血、脏腑、经络的阴阳平衡，从而达到健身、疗病、养生之日的。中医用五行相互生克乘侮规律指导疾病的诊断治疗，认为内脏的生理、病理相互联系、相互影响，以此制定了培土生金、益火生土、培土制水、抑木扶土等治疗原则和防治措施。和式太极拳从这一特点出发，根据“有诸内，必形诸外”的传统中医理论，强调拳架练法由外带内，周身顺遂浑圆，由内达外，阴阳变易莫测。拳架招势圆转自然，紧凑柔活，上下相随，内外合一，并用五行生克之理指导拳架的步法、技法，使身体灵活而稳健。

武术和中医都是有关人体的科学。和式太极拳同样积极运用人体结构理论指导拳架功法。例如，和式太极拳拳架有三直、五顺、六合、三节、四梢等要求，强调不能坐腕、折腕、塌腰、翻臀。这些要求和规矩都符合人体结构的顺遂自然状态，在此基础上再通过拳架的正确锻炼，进一步调理人体结构及生理机能。和式太极拳教学时的“捏架”就是对人体各骨节位置状态的有序摆放，及认筋识穴，使身体处于一种顺遂自然的最佳状态，久练使人体潜能释放，自可强身健体，自卫防身。和式太极拳架与中医治病健身理法也相一致。中医理论体现天人合一的整体观，把人看成是自然界的一部分。人的生理病理，不能仅孤立着眼于人身体本身，而应看到人与自然存在的有机联系。和式太极拳的拳架功理，圆活紧凑，进退开合都求阴阳相济。一气运行阴阳即太极。一气为腹中中和之气，亦为人之元气，它漾溢于四体之中，浸润于百骸之内，流行不息。拳架功法全借后天之形不用后天之力，动静开合纯任自然，舒展筋骨，调和气血等①。

理技相合的和式太极拳学也清晰地表明，武学一道并非单纯的技术之途，更不能与纯粹意义上的搏杀争斗相提并论。包括和式太极拳在内的各大太极拳支系，以及中华武术的众多拳种流派，虽然都是在生存竞争的客观现实中衍生、发展，但它们的主要目的其实并非仅仅是为了获得超群的搏击技能，这一特点在太极拳门中尤其体现得淋漓尽致，事实上，这也是太极拳之所以深受各界民众喜爱并被称为哲拳的真实意义所在。和式太极拳被称为“代理架”，也正是一种有说服力的例证。和式太极拳中有著名的“圈太极”之说，每一招式都以圆为体，一方面是拳走圆形的技法体现，另一方面也是陶冶习练者性情、追求人生圆融之道的彰显，真正体现了“理技相合，以拳明理，拳理互根，理在拳中”的特点。

①和有禄．和式太极拳拳理概述［JB/OL］．太极网，2014-4-24.

二、注重整体的和式太极拳法

太极拳主要包括掤、捋、挤、按、采、挒、肘、靠、进、退、顾、盼、定十三种不同的技术方法，俗称为“太极十三法”。和式太极拳在上述“十三法”的基础上更强调整体，并且有自己的特色理论。

从中国传统的阴阳整体范畴出发，和式太极拳以“太极阴阳”之道为拳理来规范指导拳架，象其形，取其义，用其理，其拳理曰：“一圆即太极，上下分两仪，进退呈四象，开合是乾坤，出入综坎离，领落错震巽，迎抵推艮兑。”圆、上下、进退、开合、出入、领落、迎抵与太极、两仪、四象、八卦相对应，合之为十三，又称十三式。十三式是指导太极拳圆活自然，阴阳相济之要诀。以人身比太极，练拳之前，心静体松，浑浑顿顿，阴阳未分，浑元一气是为无极，气动而太极生，每式练够一圆，两仪、四象、八卦。即由阴阳未分到阴阳具备，阴阳运转，阴阳相济。身体各部位左右对称，上下相随，内外相合。动作以圆与弧线的形态表现上下、进退、开合、出入、领落、迎抵每一对阴阳的转换变易，由身法、手法、步法及屈伸蓄发的协调运转，使拳架动作紧凑圆转，处处顺遂。在太极阴阳之道的指导规范下，和式太极拳在练法上要求拳架圆转柔顺，内外结合，由外带内，由内达外，以心行气，统乎全身，气到势随，形到气至，周身顺遂圆转，阴阳变易莫测但又形成为统一的整体。和式太极拳对于太极图中的整体意蕴也有相应反映。太极图外形呈现为一个整体环圆，圆融运转，循环往复，无始无终，生生不已。这一特征在和式太极拳中体现为势势以手划圆，以身行圆，以步走圆，身体各部位的公转自转协调和谐，一气呵成，如一棵大树挂满无数圆环，风摆树动，环环皆转，如轴如轮，浑然一体，既吻合了事物发展的螺旋周期规律，也显示了自然界阴阳之间的运行消长与互相转化，即一阴一阳谓之道的中华传统哲学整体观，以及“人法地，地法天，天法道，道法自然”的天人合一思想。

宇宙之道，圆润无声而又轻灵无滞。和式太极拳以道法自然为准则，故行功走架又称“耍拳”，意在强调练习太极拳要清静虚无，淡泊名利，轻松自然，无欲无求。和庆喜在《耍拳解》中说：“轻，极轻，极轻则极灵，用气则滞。学者用功，身法运转要像三尺罗衣挂在无影树上，在空中迎风飘荡那么轻灵自然。”这一论点不仅从“要拳”之道出发，指出了习练和式太极拳时应该具有的轻灵自然原则，同时也是对于轻灵状态下习练者整体状态的一种阐释。人体本身便是一个小宇宙，通常意义上可以理解为由身心两个层面构成，只有在心无所着，意无挂碍的轻灵状态下，人才能身心皆空、物我两忘，抛却物理层面上的形体重量束缚，感觉自身内外一体，轻盈无方，如同挂在无影树上的一袭轻衣，随着大气的轻微波动而整体轻灵飘荡，这种训练方式的长期积累，便是太极拳论中所述的“应物自然”之象。与轻灵对应的是松柔。和式太极拳强调柔是刚的基础且又能以柔克刚。和式太极拳论中指出：“柔者何也？柔，松柔、纯柔、松关节，柔经络。”只有松才能柔，由松入柔，柔不是目的，是走劲化力的手段，柔中求刚是目的。一般意义上的武术劲力可以区分为刚柔二劲。由松入柔，柔以至刚，刚柔兼相济，劲力则完整。和式太极拳格外强调在轻灵松柔原则下刚柔相济的整体劲力养成，这一轻柔特点明显有别于讲究刚猛发力的一些太极拳其他流派①。

太极拳是中华传统武术的一种。武术之所以称其为武术，技击功能是其重要的文化内涵及生存保障。和式太极拳在理技相合的基础上，不仅向道明理，深具文化底蕴，而且也强调自身技击功夫的训练与培养，整个拳架朴实无华、简洁流畅，以体用一致为要求促进拳架、推手、散手三合为一，理技相合，技理相长，呈现出一套完整的武术拳种体系。在这个完整的拳种体系指导下，习练者通过朝夕盘架增强自身功夫，通过推手实践矫正拳架，直至最终用于实战，从而体验到一个文武合一、拳道如一的整体过程。

第三节　和式太极拳武学体系

和式太极拳武学体系的基本内容有：和式太极拳理论、和式太极拳套路、和式太极拳器械套路、和式太极拳推手法、和式太极拳对打、和式太极拳功法等。

---

①魏志刚．和式太极拳发展浅探［J］．搏击·武术科学，2012（1）：51-52，57.

一、和式太极拳套路简介

（一）徒手套路

和式太极拳套路有72式传统套路、拳帽、精要十八式、简化十三式及段位制套路。其中72式为传统套路，在传承过程中通过招式细化又被称为108式。拳帽为单式或组合练习，是和式太极拳编排的以锻炼下盘为目的的动作。精要十八式及简化十三式为近年来所编套路。和式太极拳段位制套路是2008年由中国武术研究院所编，主要将传统和式太极拳中的典型动作按照“打、踢、拿、靠、摔、综合”的体例进行编排。和式太极拳的套路编排简洁流畅，体用一致，符合人体自然生理和武术运动的规律。拳架怎样练，推手就怎样用。推手又可检验拳架是否正确实用，也是走向散手的过渡阶段，盘架子功夫的积累是提高推手、散手技法的本源。故有人把和式太极拳拳架、推手、散手三合为一的编排，称为“三合一太极拳”。

（二）器械套路

和式太极拳器具分长器械和短器械两大类。

1. 长器械主要有太极棍

和式太极棍是从属于和式太极拳的长器械，主要以太极拳劲力、技法融汇入棍法之中。基本技法有拦、架、托、挑、提、格、拨、刺、扫、压、盘顶、盖打，练习时要求迅速换把变招，做到棍随身动，身械合一，握端击远，握中近战，乘势顺力，两端走环，远可击打一片，近可遮护周身，迅疾善变，浑身藏法等风格特点。

2. 短器械类主要有刀、剑两种

（1）和式太极刀套路是从属于和式太极拳的短兵器，共32式，它基于和式太极拳，它的基本要领、运动风格与和式太极拳基本一致。刀术以缠头、裹脑、勇猛矫健为主要动作特点，加上劈、扎、砍、撩、挂、架、挑、抹等刀法，结合身法、步法、腿法的协调运动，充分发挥短兵长用技法。

（2）和式太极剑套路从属于和式太极拳的短器械，编排合理，舒展大方，紧凑巧妙，演练时要求步法灵活，步运身行，身随步换，眼明手快，剑若游龙，浑厚圆转，变化莫测的技法特点。主要剑法以刺、点、劈、撩、抹、推、托、云、挂、架、扫等。

二、和式太极拳功法概述

和式太极拳的功法是以掌握和提高和式太极拳套路和推手、搏击技术，拓展武技所需的人体潜在能力为目的，围绕提高身体某种运动素质或锻炼某种特殊技能而进行的专门练习。主要包括有提高肢体关节活动幅度及肌肉性能的“柔功”，锻炼意、气、劲、形完整一体的“内功”，体悟招势劲力顺达，增强化、打实用技法的“单操功”。

（一）柔功

柔功主要是对腕部、肩部、腰部、胯部、腿部、踝部等关节活动幅度和肌肉舒缩能力的锻炼。根据各关节的生理特性进行不同方向的压、转等练习。柔功锻炼要求由松入柔，达到松柔关节、柔活经络、增强身体柔韧素质的效果，为太极拳化僵为柔、积柔成刚、刚柔相济、内外兼修打好基础。

（二）单操功

单势练习，就是有目的地把和式太极拳套路中部分重要动作拿出来进行单势练习。有针对性地体悟走劲、内劲、心法等的修炼。单势练习时，在掌握要领的情况下可以逐势反复练习。

（三）内功

内功是和式太极拳运动中采用以心行气、以气运身、气与力合为基本锻炼手段的一种内外兼修的方法。内功练习的目的是通过锻炼提高意到、气到、劲到，节节贯穿，圆转紧凑的能力。获得培本固元、内壮外强、内外合一及激发人体潜能的效果。和式太极拳的内功主要包括各种静功和动功。静功主要有无极桩和坐、卧功等。动功主要有太极桩和行功等。

和式太极拳门中还有一种独特的训练方法，叫做“百日功”。即一天练架100遍，练100天，一天不得间断。这种功法实质上也是在老师的指导下，太极拳去僵化柔、增强内力的一种练法。

和式太极拳理论主要有和兆元的《太极拳要论》《九要论》《太极拳体用总歌》（清）等，和敬芝的《高手武技论》《太极拳正宗论五字妙诀》《撒放秘诀》《走架打手行功要言》《比手》《葛手十六要》《较手三十六病》（清），和庆喜的《耍拳论》《耍拳解》《习拳歌》（民国），以及和士英的《和式太极拳练法须知》等。和式太极拳架有“合、顺、中、平、轻、柔、圆、活”八个方面特点的相关理论，在这一理论规范下，其行功走架轻灵圆活，柔顺自然，以阴阳变化之法，形成千变万化之技，呈现出滑如鱼、粘如胶、软如棉、硬如钢的技击特色。理技相合之外，和式太极拳还有特色鲜明的“耍拳”理论。这一理念要求走架时招势自然圆活，神意活泼，呼吸顺畅，较为朴实地体现了天人合一的自然观。和式太极拳当代名人代表作品有和有禄所著的《和式太极拳谱》《和式太极拳十三式》《和式太极拳精要十八式》《和式太极拳、械教学光盘》《中华武藏之和式太极拳系列光碟》及侯尔良的《和式太极拳精义》等。

第四章　和式太极拳习练要领与功夫进境

理技相合、注重整体的和式太极拳吸引了众多热爱太极文化的人士，学习和式太极拳，就不能不明了和式太极拳的动作要领，理解和式太极拳的习练要点，在长期苦练的基础上，还应积极研讨太极拳理和文化要义，对照经典拳论和名家论述，不断提高自己的功夫境界，完善个人的太极修为。

身形中正，松柔自然

第一节　和式太极拳习练要领

了解和式太极拳习练要领，应当建立在和式太极拳功法的分析与理解基础之上，只有把二者结合起来，才能够产生正确的认识。在理技相合、注重整体的拳学特征基础上，明了相关和式太极拳习练要领，将会更加有利于习练者的功夫进步与整体提升。

一、和式太极拳拳架习练要领

和式太极拳是一个理技相合、注重整体的综合体系，从这一特征出发，对其习练要领仅选择若干点简要分析，习练者结合自身实践认真领悟，自当提纲挈领，举一反三。

（一）合乎自然

和式太极拳是和兆元融合理学、易理及陈式太极拳等多门知识而创立的一门拳法，理学的天人合一自然观、易经的阴阳变易思想等对于该门拳法产生了深刻影响，和式太极拳在民间被俗称为“代理架”即鲜明地表现出其道法自然、练养并重，技理相合、以拳明理之特点，因此，习练和式太极拳要能够充分认识到这些特点，从合乎自然的视角来要求和指导自己的习练过程。

合乎自然首先要合乎人体自然结构。太极拳是一种以身体为载体的综合体系，相对于宇宙大道而言，人体本身便是一个小宇宙，太极之道，道法自然，习练太极，自当吻合人体自然结构。人出生后，先天的自然行为不断丧失，违背自然的后天行为不断增加，由此常导致疾病产生。众所周知，脊柱在太极拳理论中向来具有重要的地位与作用，人体的重量也主要靠脊柱的支撑，脊柱更是决定人体运动能力的关键因素。婴儿出生时，脊柱并无弯曲，直立行走后，长年累月使脊椎负重，易于在没有其他骨骼支撑的颈椎与腰椎部位形成弯曲，使脊椎关节间隙受损破坏，加之违背自然的后天不良行为的不断增加，久而久之致使颈椎、腰椎疾病发生，在拳法中则表现为形、意、气、力配合无序，甚至不知配合，莽用后天肌肉之力，技术呆板，动作僵滞。和式太极拳以后天之法，引先天之形气，要求习练者虚领顶劲，沉肩坠肘，含胸收腹，松胯裹臀，使脊椎弯曲减小或消失，从而回归先天之自然状态。长期练习，不仅能使脊椎功能增加，还可以引丹田先天之气，使脊椎成为劲力之源泉。

合乎自然亦指要合乎经典太极拳论。经典的太极拳论，是太极拳技术实践的理论总结与经验归纳，已经为习练者提供并指明了具体的练习方法与相关要领，如果不能认真地按照既有的经典太极拳理论来指导自己进行拳架练习，其结果必然是事倍功半，甚至误入歧途。敬重经典的太极拳论，恪守传统太极拳习练法则，其实也是在“守规矩”。传统武术的各个门派都有自己的武学规矩，和式太极拳亦然。对于传统武术的各个门派，以及和式太极拳武学规矩的遵守，一方面是拳走正道、技艺提高的重要保障，另一方面也是中华和合文化尊师重道的传统体现。武术一途，也是为人之道。习武强身，同时也会涵化人格。尊师重道，恪守传统，遵循拳理，合乎规矩，实质上也是最简单同时也最为有效的功夫长进捷径。拳本无法，唯有诚敬而已。和式太极拳又称“尺寸架”，身体的运行状态要用“尺寸”来衡量，手足的起、行、止要规矩端正，脱离了这一客观要求，技术层面的进步必然大打折扣。在和式太极拳中，“尺寸”就是规矩，规矩其实就是自然。和式太极拳的行功走架又称“耍拳”，一个“耍”字，不仅显示了和式太极拳的独特之处，同时也生动地表明了和式太极拳招势自然圆活，神意活泼自然，呼吸自然顺畅，心态自然放松等道法自然的技术本真之态。老子《道德经·二十五章》曰：“人法地，地法天，天法道，道法自然。”和式太极拳本乎天道，不尚用力，以无极自然之运行，阴阳自然之运转体现太极拳之技法，本身便是中华传统文化经典的实证与演绎。用崇师敬道、自然和谐的身心状态进行和式太极拳的习练，既是和式太极拳法的技理特征要求，也是顶礼中华传统武术经典、传承中华文化精髓的时代发展需要。和式太极拳家和士英常曰：“耍拳要知规矩，合规矩，懂规矩，脱规矩，举手投足自然而合法度，拳打十万遍，不打自转，自然而然，技到无心，临敌致用才可以随心所欲，应物自然。”这段话其实并不仅仅是指拳技层面的理法经验，如果能够把人生之道与拳法学习结合起来，习练者收获的将是远超拳技范围的人生历练与修养提升。和式太极拳是以自然柔活的身体运动，练养体内浩然之气，在自然而然的状态下由表及里，从外练到内养，最终到德技双修、悟道明理的目的。和式太极拳创始人和兆元在《太极拳要论》中说：“理技相合，太极真谛。习者不可不详思揣摩焉。若理能守规，久恒自成也。”太极真谛，便是人生真谛。习练太极，久恒自成，成就的不仅是拳法之技，更是人生的修养与内涵。

合乎自然同时还指的是要合乎生活自然节律。习练太极拳是为了使生活更好，提升生活质量，它本身也是生活的一个组成部分。每个人都有天然的生物钟，只有合乎人类自然生物钟节律的太极拳习练方式，才是科学的技术进步保障。习练太极拳，没有充分的时间精力投入是难以见效的，但是，在致力于太极拳练习的同时，也要把握好“度”的概念，如果过于超出正常生活节律，后果将很可能适得其反。和式太极拳法尤其强调整体的和谐，所以，必然要求习练者能够拥有合乎生活自然节律的练习方式、方法。过度的废寝忘食，长期积累的结果很有可能是拳法和身心二者皆难以拥有健康、活泼的状态。

（二）身形中正

“中正”是保持脊柱生理健康的科学状态，也是太极拳各大流派普遍的身形要求。身形中正是练好和式太极拳的前提。和式太极拳认为身体正直则脊柱垂直贯串，劲力上下通达，气血顺畅，身形不正则往往导致翻臀塌腰、坐胯拧腰及前俯后仰，违背太极拳的自然之道，因此强调习练者身体中正、脊椎正直，动作不贪不欠、轻灵圆活，形成身似活蛇、腰如反弓的良性状态。和式太极拳论指出，遵循身体中正诸要领，则可气沉丹田，能练丹田先天之气，不仅是太极拳健身养生之道，也是太极拳技术提高的重要条件。

和式太极拳的技法建立在身形中正的基础之上，和式太极拳行拳作势要求身体不前俯后仰，不左歪右斜，上至百会、下至会阴形成一条直线，此即为身形中正的反映。和式太极拳的经典拳论也都多次或直观或婉转地强调了身形中正的重要性。例如，和式太极拳素有“打拳如坐轿”之说，不论拳势的进退侧移，身体始终像静坐一样端正，不偏不倚。行功走势，意念守中，动作规矩端正，不贪不欠，无过不及，轻灵圆活，中正安舒。和式太极拳中有一则著名的比喻，把注重整体、圆融运转、循环往复、生生不息的和式太极拳行功走架形容为“一棵大树挂满无数圆环，风摆树动，环环皆转，如轴如轮，浑然一体，身体各部位的公转自转协调和谐，一气呵成”。这里的大树即喻指人体的脊柱，大树直立向上，犹如脊柱上挺之意；身体各部位则似挂满大树的无数圆环；只有脊柱的正直才能挺拔，才能全身放松，继而使得不同部位在脊柱带动下进行以脊柱为中轴的相应的圆周运动，最终形成轻灵运转、周身一体的整体圆润协调。

和式太极拳中流传有影响较大的“三尺罗衣无影树”之说：“身法运转要像三尺罗衣挂在无影树上，在空中迎风飘荡那么轻灵自然。”这则经典一方面说明了和式太极拳的整体特征与松柔特点，另一方面意在突出身形中正的重要意义，其中的“无影树”同样是对人体脊柱中正上挺的绝妙比喻，脊柱中正则身形中正，脊柱中正上挺则身形俱得中正上挺之意，处于高度松柔恬静状态下的人体身形便同薄如蝉翼的轻纱一般悬挂在脊柱象征的树干之上，随着空气的波动而轻灵自然地荡漾。离开身形中正的脊柱，显然，无论身体的肌肉如何放松，也难以拥有轻灵飘动的依托与支撑。不少民间太极拳家对于“三尺罗衣挂在无影树上”的含义理解则尤为通俗与精辟。一位民间太极拳高手在回答徒弟关于“无影树”的问题时简洁直观而又颇具高屋建瓴之见：“为什么叫‘无影树’？怎么样才能‘无影’呢？立身中正才能无影。就像中午的太阳照在自己的头顶，如果身体歪斜，身影就出来了。无影树就是要求在练拳时，要时刻保持自己身正，中正才能安舒，才能气达四梢，自然顺畅。”①

事实上，身形中正也是太极拳各大流派公认的拳学原则，各太极拳流派尽管风格不同，但都无一例外地把身形中正视为共同的习练要领，只是彼此的表述方式不一而已。正如相关研究者所述：太极的本意是圆满无缺，动将起来无过不及，随曲就伸，这种屈伸开合听自由，运转如意，松通无碍，是人体结构合乎太极的理则所表现出来的形象。立身中正就是促使太极拳运转圆满无缺的法则，能立身中正，建立“中”与“正”的身形结构，才能使

①杨志忠．老师解“无影树”［EB/OL］．新浪博客，2007-11-08.

“松”得以发挥，而进入心的修炼，进而使身心皆能符合中正之理，中正而能松则能达于“和”之境地。能立身中正，则重力对人体的影响，除了重量由腿负担之外，胯以上的重力几乎都可以由人体的骨架自然地支撑着，使肌肉、筋腱由于不受力，而使全身皆能放松，关节也能够灵活运转。立身中正时，因转动惯量很小，容易转动，且身体易于松弛到脚底，使身体如不倒翁状，不易被推倒①。

传统太极拳谱中“立身须中正安舒，支撑八面”“尾闾中正神贯顶”“上下一条线”等拳论说明，太极之道即中庸之道。中庸之道在太极拳身法上的体现就是立身中正，无所偏倚。自顶而足，上下一线，周身内外，左右平准，其中以躯体的中正为主，四肢的中正虽为辅而又左右着躯体的中正，因此，中正是全身的中正。太极拳讲究习拳应明三节、齐四梢、备五弓等，其实也是为了使习练者分清主辅，从而在身法上自得中正。诚如《易传·系辞》所言：“一阴一阳之谓道……阴阳不测谓之神。”立身中正，方能身心虚灵，只有在身形中正的基础上，习练者才能逐渐步入太极之门，进而感悟太极之道。

（三）裆胯合脊

裆胯通常被认为是武术内功修炼的关键，在太极拳中具有举足轻重的地位。不少民间拳家把裆胯称作“太极拳的天机”，比喻裆胯是决定太极拳功夫的玄机关窍之意，太极拳的动作变化全凭于此。不明了这一点，就很难练成真正的太极拳功夫。有相关太极拳家甚至指出，太极拳的主要身法是裆与胯的组合，习练者在走架、推手时，两胯的左旋右转动作不完全相同，一个虚胯则另一个是实胯，一个是上提转则另一个是下落旋。因此，学练太极拳主要练的就是裆胯的运动，这一点无论是和式太极拳还是陈式太极拳小架等都是异曲同工。

和式太极拳对于裆胯的拳学作用同样高度重视，倡导用裆胯的圆转来带动内在的圆而引领外在的动作圆转，再加上脊柱向上的挺拔之意，实现由裆胯与脊柱相合而呈现出强大的旋转动力。从解剖学上来看，人体以脊椎为中

①苏清标．太极拳修炼的哲理诠释［EB/OL］．陈瑜太极网，2011-01-16.

轴，加上裆胯与双肩恰好构成了身体骨架的核心中枢，因此，通过身形中正、虚领顶劲，由裆胯与脊柱相合而产生的圆转动力通过节节贯串而传达全身上下各个部位，从而产生周身顺遂的浑圆之力，这一原理是太极拳历来被视为不传之秘的习练要领，经典太极拳论中所说的“腰脊为第一主宰，一动无有不动”“刻刻留意在腰隙”等指的也是这个原理。

（四）以意导气

太极拳是以意练意、行气练气之拳，全凭心意用功。拳谱说：“以心行气，务令沉着，乃能收敛入骨。”“以气运身，务令顺遂，乃能便利从心。”由此可以看出，太极拳的一招一式均要用意不用力，先意动而后形动，这样才能做到意到气到，动作才能沉着，日久习练，气才能收敛入骨，达到行气最深的功夫。古人认为，心为一身运行之主宰，五官百骸无不听命于心，按现代运动学的观点，全身神经系统皆受大脑中枢神经的指挥，习拳练功或推手较技时，心有所感，意必致动，心感身受，才不会判断失误，也就是大脑中枢神经系统接到各感官系统传来的“资讯”，在瞬间做出判断处理，并经过神经系统迅速传导到各运动部位而做出相应的反应。所以，心意一动则全体皆动，心神一静，则全体官骸无一不静；心神放松，则周身内外皆放松，心神紧张，则筋骨肉皮无不紧张；通常所称的外形动作，神态和气势的变化，其实是内部心神意气的外部表现而已①。

和式太极拳尤其注重心法、意念的修炼，拳谱要求练习时须要心与意合。和式太极拳论认为，心即本心，是大脑的思维活动，是人的本意真意，在没有任何外界干扰下的自然流露。意即意识，意念。前者为体后者为用。故曰：“心为令，气为旗，神为主帅，身为驱驶。”凝神静心，排除杂念，回复自然，使本心与意念抱元守一。耍拳以自然为准则，拳架为意念之载体。行动走架，用意则活，用力则滞，神意活泼，手足灵活。用意旨在检查身体是否规矩，练劲是否圆转自然，不要心存如何打人之念。心贵静，意守中，是意念的自然状态。若意不能守中，在形则有贪欠偏倚之弊，在用则有呆滞不活之病。自然而然练就之技法，用时才可达到应物自然之无意识状态。值

①本社．太极拳全书［M］．北京：人民体育出版社，1995：5-60.

得注意的是，和式太极拳的心法、意念运用都强调在一种松静自然的前提下进行，以道法自然为原则，有意无意，用意而不着意，似孩童的天真无为，一切皆合于自然而然的状态，习练者在浑然不觉中，潜移默化地践行着太极“无为”之“道”的特性①。

（五）步活圈圆

传统武术认为，圆乃太极之象，圆是活的基础，和式太极拳论也素有“圈太极”“步活圈圆”之说。和式太极拳行功走架以圆为宗，手划圆，身行圆，步走圆，内劲圆转。身体各部在松柔状态下，不是单纯的肢体折叠往复运动，而是做圆或弧形的公转和自转。两肩、两胯四大节，两肘、两膝，两手、两脚八小节等身体相应的部位，隐约似有无形绳线牵拉，从而形成周身一动无不动、一静无不静的圆融状态。在这一状态中，习练者周身为一体，身体四肢协调配合，皆进行圆形或弧形的转动和滚动，浑身是圈，圆转连贯。

和式太极拳步法灵活，进必跟，退必随，步运身行，进退灵活。松关节，柔经络，使周身四大节、八小节节节贯串，曲伸折叠灵活自如。故活在意，活在步，活在节。身灵手敏，活泼自然，粘连黏随，急应缓随，毫无滞机。明了这一特点，习练者无疑将会在学习和式太极拳的过程中更为顺利②。

二、和式太极拳技击要领

和式太极拳具有拳架与实用相一致的特点。和式太极拳架无缠绕烦琐，拳架、推手、散手融为一体，三者互可检验印证。推手可检验拳架是否正确实用，推手又是太极拳走向散手的过渡阶段，是练习粘连黏随、过劲借力的有效方法，拳架的正确练习是推手、散手技法的本源，相关技击要点于推手、散手同样适用。

---

①和慧超．和式太极拳耍拳之道［EB/OL］．太极网，2012-07-16.

②贾澎．和式太极拳的特点［EB/OL］．天下武林网，2006-04-01.

（一）技击要义

从相关拳论看，和式太极拳技击要义可大致概括为“身形中正”“招法灵活”“圆中求法”“以‘靠’击人”等几个方面。

1. 身形中正

和式太极拳身形中正的特点在技击中至关重要。身体中正，不偏不倚，不贪不欠，要求中、守中、起中、攻中。进退、仰俯能守于中，起于中，不犯抽扯，一进必至，路径最近，实为技击之捷径。

2. 招法灵活

和式太极拳技击讲究招法灵活。步法要活，进必跟，退必随，步运身行，进退俱灵活自如。举手要活，不活则不快，脚手要活，不活则担险。不论是习练还是攻防，顺遂和制胜都在于活，只有“活”，才能屈能就，能进能退。身活如蛇，击首尾应，击尾首应，灵活自如。

3. 圆中求法

和式太极拳技击要求万法圆中求。圆即太极，乃万物之理，太极由其内在本性而产生变化，太极动则生阳，太极静而生阴，阴阳动静的变化之理生成了千变万化的太极拳技法。所以，和式太极拳，拳架怎么练，推手、散手就怎么用，以阴阳变化之法使身体不同部位运动产生分、合等劲力，形成千变万化的技术、技法，在身形中正、松柔自然的拳学原则下形成太极拳“滑如鱼、粘如胶、软如棉花、硬如钢”的技击特色。

4. 以“靠”击人

和式太极拳拳架、推手、散手三者合一，技击性极强，招招不空，势势技法鲜明。与人交手要求粘连黏随，舍己从人，分清对方虚实，引进落空，柔化刚发，后发先至，技法上注重靠、掷、打、跌、拿，讲究上中下三盘的技巧。和式太极拳的靠法尤其享有盛名，历代名手与人较技时多擅用“靠”击人。和式太极拳的“靠”法有迎门靠、背折靠、贴身靠、七寸靠等，用靠时要求身法圆转灵巧，四肢随身体的曲伸、纵横、转侧高度协调，勿有缺陷，否则易受制于人，用靠就无从谈起。和兆元所创拳架身法独到，要求有意无形，犹如三尺罗衣挂在无影树上。“靠”的运用出神入化，素有“和家神靠”之美誉。

（二）推手法要

和式太极拳拳架为体，推手为用。走架行功中的要领在推手中也必须做到，如不贪不欠、守中用中、上下相随、明三节六合、轻灵圆活等，推手是技击的实践，推手的要领可归纳为“以静制动，因人之势”“粘连黏随，差米填豆”“要啥给啥，吃啥还啥”等几条①。

1. 以静制动，因人之势

据《和氏老谱》记载：太极拳练架要求心静神凝，推手时要沉着冷静，大脑清醒，身体保持虚灵状态，静观其变，以静待动，才能辨明对方的来势与意图。知己知彼，从容应对，对方来势凶猛，要避其锋芒，顺势引之。乘其虚，击其隙，不至于心慌意乱，手足无措而顾此失彼。

2. 粘连黏随，差米填豆

据《和氏老谱》记载：粘连黏随是太极拳必须掌握的方法。粘是手与手相粘。和式太极拳推手是接手接肘，彼此变化中看手看肘。连是接触点不脱离。黏如胶漆之粘，使人已粘我之手不能使其离去。随是因人之势以为进退。粘连黏随是轻、灵、活，它的功能是问劲、听劲，因势利导，我顺人背。差一粒米填一颗豆是和式太极拳在教学时的口语，是指导推手时掌握劲力大小、速度快慢的原则，是粘连黏随的方法。拳理曰：人刚我柔谓之走，我顺人背谓之粘。在交手时只有我力在先才能“走”，能走则不顶丢，能“粘”住不使敌脱离，粘如何能使人背我顺？答曰：差一粒米填一颗豆。在因人之势以为进退时，给对方一点劲力，敷布于对方身上，使对方处于一股劲的控制之中。此劲不可大，大则易为人用；不可小，小则不能黏随，此劲相对彼之劲恰若“米与豆”之比。此劲力的要领能熟练掌握，运用恰当，是问劲、引劲、听劲之法。给彼劲若走化，必有阴阳虚实变化，我则趁势探寻对方重心，控制对方，使其被动挨打；给彼劲若无知觉或硬顶，我则因势而

---

①和有禄．和式太极拳推手很秘要［J］．中华武术，2012（12）：30-31.

击之。差一粒米填一颗豆是“彼有力，我亦有力，我力在先；彼无力，我亦无力，我意仍在先”“彼不动，己不动，彼微动，己先动；彼已动，己先至”等理论生动而形象的说法，通俗易懂，哲理深奥。

3. 要啥给啥、吃啥还啥

据《和氏老谱》记载：要啥给啥，吃啥还啥，是和式太极拳在推手较技时，用生活中的语言，形象化地说明推手中舍己打人、化打合一的技法原理。要啥给啥，符合人刚我柔，以柔克刚的技击原则。推手时，对方用刚猛之力击打或拿我身体的某部位，我把这部分给对方。“给”顺对方之势不顶抗，使对方作用到我身上的力一瞬间化于无形，即击到何处何处空，无处受力。给是从人，给不是单纯的给，如果要了就给，那就成任人摆布任人击打的状态，那么太极拳就不成为以柔克刚、后发先至、四两拨千斤的拳术了。“给”是为了“要”，从人是为了由己。在给的过程中，我形成一个不受力的瞬间，彼之劲力势必落空，能把握此稍纵即逝之机，就达到了“由己”的目的。能由己，即得机得势，不加思索，只需按照拳架劲走螺旋，即可迅速改变对方劲力作用的方向，使对方之力与我的旋转之圆形成一个夹角。使此夹角变小的关键有二：一是轻，轻则听劲准确，轻则灵，稍有力至我则旋转自如，使彼力与我身受力点形成最小夹角，用切线化解来力或使我与彼劲接触点处于化力打力之最佳位置；二是接入彼劲之后行圆要小，圆越小，受力点就少，反击速度越快，这是太极拳的后发先至技巧，即“吃啥还啥”。正如拳论曰：“自己安排得好，人一挨我，我不动彼丝毫，趁势而入，接定彼劲，彼自跌出。”又曰：“于彼劲将出未发之际，我劲已接入彼劲，恰好不先不后，如皮燃火，如泉涌出。”能熟练掌握这些技法，走化就很省力，就可以达到以顺避逆，以柔克刚的效果。四两拨千斤之妙看似神奇，其实符合力学原理。需要强调的是，功夫扎实，内劲充沛是以柔克刚的必备因素。内劲充足，在“给”的瞬间能保持自己重心稳定，周身顺遂，随其势曲而旋化蓄劲，引其过与不及、阴阳未分之瞬间而击之，以达从容应变，实现借力打人。

太极拳技法奥妙无比，传授高、功夫足是登堂入室的阶梯。拳谚曰：“一层功夫一层理，一层功夫一层技。”由“舍己从人”到“从人由己”乃至随心所欲，因势应变，引进落空，离心抛掷，松活弹发，需要练习者细心体悟，循序渐进，坚持不懈，久久为功。

第二节　和式太极拳与功夫境界

大部分太极拳爱好者在练习太极拳的过程中，会自发地日益关注太极拳的学习阶段、功夫层次与修为进境等相关问题。对于和式太极拳而言，这一问题也同样广受关注。对此，我们认为，有必要从不同的角度展开相应的探讨。

一、太极拳的练习步骤与学习阶段

（一）当代太极拳的三种存在形式

2006年5月，在第三届全国太极拳名家研讨会上，得出了目前我国太极拳存在的三种形式的认识，即太极功夫、太极拳运动、太极拳竞赛[①]。

太极功夫又称传统太极拳，是先辈综合地继承和发展了各家拳法，把武术中的手、眼、身、法、步协调运用，结合古代的导引术和吐纳术，吸取古典唯物哲学的阴阳学说和中医基础理论的经络学说，以技击动作为主要内容，而形成的一种缓慢、柔和、轻灵、沉稳、连贯、协调、内外兼修的上乘拳术。构成太极拳的三大要素是武技、哲理和养生。这三大要素是太极拳的精髓，是太极功夫的核心。太极拳运动，又称健身太极拳。随着时代的发展，太极拳的技击功能在不断弱化，其健身功能日益受到老龄化社会的重视，学练太极拳的人几乎都是以锻炼身体、增强体质为出发点。现在大多习练太极拳的组织形式是集体演练，几十人、几百人自动组合在一起，闻鸡起舞，随着轻柔的配乐，演练各式太极拳，并成为了一种生活规律。拳友们在一起交流技艺、陶冶情操、增进友谊，氛围十分和谐。人们以健身娱乐为目的，形成了大众太极拳繁花似锦的大好局面。太极拳竞赛，也称竞赛太极

---

①高德明．太极拳存在的三种重要形式［EB/OL］．太极网，2011-06-05.

拳。1989年国家武术管理部门组织专家，依据传统性、竞赛性、科学性的原则，以五式太极拳传统套路为素材，相继编制出了陈式、杨式、吴式、武式、孙式太极拳竞赛套路。各式太极拳竞赛套路的迅速普及，极大地推动了太极拳运动的发展，各种形式的太极拳竞赛活动应运而生，全国各省、市的各种地方性的邀请赛、交流大会、武术节、健康大会及各流派太极拳比赛也频繁举行。在各级地方性比赛中，除了设置各式太极拳竞赛套路外，同时也设置了各式太极拳传统套路和剑、刀、扇、枪套路比赛。各式太极拳名家传人也根据竞赛的需要，改编了既符合竞赛要求又保留传统风格的传统套路，极大地丰富了竞赛内容，形成了太极拳竞赛的大好局面。

上述当代太极拳的三种主流存在形式拥有不同类型的运动主体，同时也决定了关于太极拳的不同认知和习练目的，而不同类型的习练目的又决定了有关太极拳练习步骤和功夫境界的不同内容与标准。这一点，也是我们探讨和式太极拳功夫进境问题的出发点。

（二）太极拳学习的步骤划分

关于太极拳的练习步骤与学习阶段，不同的人们有着不同的认识。

有的太极拳爱好者认为太极拳要分十五个步骤来学习：第一个步骤站桩，第二个步骤单式，第三个步骤走步，第四个步骤走拳架，第五个步骤定步单推，第六个步骤活步单推，第七个步骤定步双推，第八个步骤活步双推，第九个步骤走内圈双推，第十个步骤大捋单推，第十一个步骤大捋活步推，第十二个步骤散手推，第十三个步骤中合（发放）推，第十四个步骤自然（乱采花）推，第十五个步骤合太极[①]。能够产生这样一种细致入微的认识，说明该太极拳爱好者的确是一位资深的传统太极拳发烧友，他的观点代表了一批民间太极拳习练者的真实体会。类似的观点也有不少，区别之处在于学习步骤的划分数目不一而已。如另一种类似的“三层次说”就认为“基本功的训练为第一层次，套路、推手的训练为第二层次，散手、自由博击的训练为第三层次”等。

①张卓星．太极拳要分十五个步骤来学习［EB/OL］．太极网，2011-01-07.

（三）其他名家的相关武学体认

在传统武术领域，较为重视武术功夫的习练与境界养成。因此，武术功夫的相关描述在传统武术理论中较为多见，各武术门派通常也都有自己的功夫体认及相应理论。例如，形意拳就有著名的明劲、暗劲、化劲“三步功夫”之说，这种设计使人们能够直观明了练习形意拳的方法、步骤和功夫进境，从而使该拳具备了由初级到高级的循序渐进的锻炼依据。形意拳没有初级到高级的套路锻炼过程，只有从初级到高深功夫的锻炼方法，通过这种“动则变，变则化”的“三步功夫”体系，在始终如一、循环无穷的简单动作练习过程中，逐步引导人们走向武术功夫高深层次的境界①。据李文彬、尚芝蓉《尚氏形意拳械抉微》记述，形意拳大师尚云祥教练形意拳时“不务招法，但重内劲，严禁努气使拙力，要求从轻松、自然、和谐中去追求迅猛刚实的爆发劲……进而再求‘不意而发’的‘化劲’，这就是先生对‘三步功夫’的不分阶段、不单趟去练的简而易得的特点。”②

太极拳界也有关于武术功夫层次的不同表述。以陈式太极拳为例，当代陈式太极拳各代表性人物都有自身的相关功夫体认，其中资深太极拳大师陈正雷先生在实践中把陈式太极拳系统化训练共分为循序渐进的六个阶段，即学架子、正架子、捏架子、顺架子、拆架子、定架子③。同样是当代陈式太极拳大师的陈小旺先生则把陈式太极拳的习练划分为五层功夫，每层功夫标志着练拳者功夫的深浅程度和水平的高低④。从陈鑫“一层深一层，层层意不同”的理念出发，当代陈式太极拳名家张志俊把陈式太极拳分为初级、渐悟、登堂入室和最高阶段四重境界，以后则是道德功夫⑤。除陈式太极拳之外，其他各式太极拳也都有自己的相关理论阐释，例如，杨式太极拳宗师杨禄禅把太极拳功夫分为十三层，孙式太极拳创始人孙禄堂则提出了“拳与道合”的著名论断等。

上述各种论述，基本上是从武术功夫的层面，以太极拳技术水准的习练

---

①买正虎．形意拳搏击的理与法［M］．北京：北京体育大学出版社，2004：4-5.

②李文彬，尚芝蓉．尚氏形意拳械抉微［M］．武汉：湖北科学技术出版社，1989：14.

③张东武．陈式太极拳的系统化训练［EB/OL］．陈瑜太极网，2011-06-02.

④陈小旺．陈式太极拳的五层功夫论［EB/OL］．陈家沟太极网，2010-11-21.

⑤张志俊．太极拳之境界论［EB/OL］．艺术中国，2011-06-01.

与提高为出发点，描述了相关主体对于太极拳进阶或境界的认识，最后则大多数都回归到传统文化的层面，不同程度地涉及释道儒三家所代表的中华传统文化大道，但单从技术的视角来看，实质上都没有脱离传统太极拳论“由着熟到懂劲至神明”的既有认识，这其实也是可以理解的，虽然流派不同，但太极拳的技术特点是相同的。王宗岳的经典拳论“由着熟而渐悟懂劲，由懂劲而渐及神明”指出了太极拳功夫欲达极致，须经由“着熟”到“懂劲”至“神明”三层阶梯逐步拾阶而上，的确是精妙之至。其中，“着熟”是基础阶段，是指习练太极拳架要按照拳理要求做到身正势圆，动作到位，虚实分清，转换顺随，松静自然，柔和顺畅。坚持长期持久的习练，熟之成法。拳谚曰：“拳打万遍，拳法自现。”说明拳打多了是渐悟“懂劲”的主要体会过程。“懂劲”之后，则越练越精，数年纯功，渐及“神明”。王宗岳“一羽不能加，蝇虫不能落”拳语，便形象地描绘了“神明”者功夫的高级程度。其周身处处皆太极，脱离了“心知”，不受意识的支配，完全运用练就太极身的反应，“身知”的敏感，空松的虚灵劲，不受力，不驮劲，挨在何处何处击发，触之即被击出于一刹那。力点集中，动之至微，不见其形，发之至骤，不及合眸，达此出神入化“神明”功夫的境界。

二、和式太极拳与传统功夫境界

（一）和式太极拳“耍拳”进阶

和式太极拳拳架、推手、散手三者共为一体，拳架与技击相一致，拳架为体，推手为用，散手为高级阶段的推手应用，拳架、推手、散手又统一于易理与理学等的指导原则，因此，在谈及和式太极拳的功夫进境时，显然将涉及包括技术在内的较为广泛的内容范畴。从武学技术层面看，和式太极拳脱胎于陈式太极拳，是中华太极拳体系的一个组成部分，而太极拳同时也是传统武术的一种，因此，上部分中相关名家的武学体认应该对和式太极拳的技术认知同样有积极的指导意义。但是，作为一门自成体系的太极拳法，和式太极拳毕竟有自身的鲜明特色，综观当代相关和式太极拳家的功夫描述，我们发现，在与其他流派武术功夫认知相似的基础上，和式太极拳的独特之处，从著名的“耍拳”理论即可见一斑。

在和式太极拳体系中，“耍拳”理论占据核心的地位。自清末创立以来，在“耍拳”理论的指导下，和式太极拳历代高手辈出。和式太极拳创始人和兆元在《耍拳论》中讲到：“太极拳用功之为耍拳，是吾和式太极拳独特之处。它取法老子自然之道，以柔克刚之理论。”这一论述不仅指出了和式太极拳相对于其他门派的鲜明风格，同时也定位了和式太极拳的功夫习练原则及其武学修养水准，甚至也蕴含着和式太极拳的武学境界追求。和式太极拳是在和兆元多年潜心深研易理、理学、太极拳、道家文化的前提下而创立的一门拳法，其中蕴含着他对于多年习练陈式太极拳法的理解，也承载着他与理学大师李棠阶多年相伴的生活阅历及长期深受传统易理影响的人生积淀，更体现着传统中医世家济世助人的代代门风。和式太极拳在初创时即被称为“代理架”，这也表明了该门拳法的理论追求一开始即定位于技术层面之外。武学一道，核心文化价值本来就在于求道明理，只是这个过程无疑要通过武术技法的练习与培育而拾级而上，通过武术技术的练习，磨砺的是习练者的心志，产出的是习练者武术技术水准的提高及潜移默化的心性涵养。中华文化最大的一个特征是“和合”，所以，武术的习练过程也应该是一个体现和合文化特色的过程。在传统“和合”文化特色的熏陶与启发之下，和式太极拳“耍拳”理论的提出堪称是心境悠远、匠心独运，同时也在一定程度上丰富了中华太极拳理论。

和式太极拳秉承了中华武术以武入道的传统，并且以“耍拳”理论直观显示了武学之道的和谐、自然与生动活泼。一个“耍”字，简简单单，却又极为形象、贴切、精确、亲和，向和式太极拳弟子传人明白而又通俗地揭示出和式太极拳所展现的武学要义。既然太极拳技术只是人生明理入道的桥梁与阶梯，那么，习练和式太极拳时就应该不拘泥于技术层面上的执着与痴迷，基于技术方面的过分的“武痴”，不仅不是和谐的人生，同时也将偏离和式太极拳的大道方向。和式太极拳技术承载着中华文化之道的阴阳观念与和谐元素，习练技术的过程充满着类似童真玩耍的轻松活泼、毫无心机的自然之态，行功走架时招势轻灵圆活，神意活泼顺遂，呼吸自然顺畅，不尚拙力而注重内意，活脱脱一幅暖意盎然、春光明媚、自由自在、悠然忘我的现实图景，似学者在静坐明理而无十年寒窗之苦，如隐士在潜心修道却无求道之困，松活轻灵之意，透过拳架的演练，如和风细雨般润物无声，对于习练者与旁观者都发散着中华和谐之道的光辉，直观而有效地彰显了武术文化的育人价值。

因为有历代家传的中医实践支撑，以“耍拳”为标志的和式太极拳理论较为科学地符合了人体结构的天然生理特点；由于李棠阶经过理学知识的多年熏染，以“耍拳”为标志的和式太极拳理论较为明确地贯穿了宋明理学传统的核心思想；易经阴阳哲学范畴与道家养生文化的吸纳，使得以“耍拳”为标志的和式太极拳理论呈现出较为突出的修身养性特征；陈式太极拳小架拳法和一代宗师陈清平的培育则又为以“耍拳”为标志的和式太极拳理论奠定了较高的中华武学起点。风格鲜明的和式太极拳理论，相当于为习练者描述了一个基于“耍拳”的太极拳学习公式——以柔中求刚为目的，以轻灵自然为原则，以中正平圆为功法，以和谐之道为追求。借助中正平圆的用功方式进行慢中求柔的练习，通过以意行气的习练过程而达到轻灵自然的状态，经由松柔圆活之境体验太极拳法的内核，超越武学技术层面最终悟道明理。和式太极拳的这一拳学进阶公式，无形中与当代最为流行的武术文化“三层次说”表现出了良好的契合。我们不妨用这种广为认可的当代武术文化“三层次说”来理解、旁证和式太极拳以“耍拳”为标志的这一拳学进阶公式。1997年版全国体育院校教材委员会审定的《武术理论基础》沿用了世界较为主流的“文化三因素说”，将武术文化划分为“物器技术”“制度习俗”“心理价值”三个层次，其中前者主要包括武术拳械技术层面的相关内容，次者泛指武术组织方式、礼仪规范、武德内容等，后者主要包括武术文化形态所反映和体现的民族性格、民族心理、民族情感等内涵，即被世人称为“武道”的武术深层内核①。这里所指的“武道”的含义，显然已经非常接近上述“天人合一”的武术高级境界的思想内核，也是和式太极拳所蕴含并践行的医学、易理、道家、理学等中华和合之道的文化追求。

从和式太极拳的理论来看，以“耍拳”为标志的这一拳学进阶公式显然是吻合王宗岳的经典拳论“由着熟而渐悟懂劲，由懂劲而渐及神明”的太极拳功夫进境模式的。习练和式太极拳，首先需要讲规矩、明“尺寸”、分层次。“耍拳”固然要自然、随意、轻柔圆活，如果习拳之初就自然、随意、

①中国卿．燕赵武术文化研究［M］．北京：人民体育出版社，2009：6.

轻柔圆活，则很可能会像瞎汉行夜路一样，不着边际。因为自然、随意、轻柔圆活、刚柔相济是达到一定水准乃至功成以后的表现，学拳之初必须遵守该门拳法的习练要领及相关规矩。和式太极拳又名“尺寸架”，尺寸即规矩，拳架对手、眼、身、法、步、三节、四梢等要求极为严格。如对肘的要求：沉肩坠肘，合而为用，肘向外翻起上抬俗称卖肘，为病。肘关节的主要活动范围是屈伸运动，肘屈则臂成圆弧形，即弓形。肘不可过屈，过屈不圆；亦不可过直，过直少夹；似曲非曲，似直非直；肘关节屈伸自然，伸则气达手指，屈则气贯肘尖。在技击中肘要屈使，有迎面肘、穿心肘、搬拦肘、七寸肘等动作。肘还有一个重要作用是护肋，沉肘护肋，肘要轻贴两肋，但不可过紧，否则会影响手臂的灵活运用。行功走架拳架规矩、姿势正确，有利于提高行功效果，使气血、经络阴阳平衡，起到事半功倍的作用。通过一段时间严格规范锻炼，方能达到明规矩、守规矩、脱规矩、自然而然却又合乎法度的水平，如此上升到一定层次时方可在老师指导下进入“要拳”阶段。此外，因为和式太极拳密切涉及易经阴阳哲学范畴与道家养生文化等，“要拳”还需懂阴阳，明神意。不知阴阳，不明神意，则练拳难明就里，动作劲力会过纵、过横、重心易失，阴阳偏离。在内表现为气滞不畅，在外则形体不顺，周身难以相随，则不能说懂太极，“要拳”更无从谈起！最后，和式太极拳是一个长期的坚持过程，因此，“要拳”还要循序渐进，摒弃“撇、停、流水”之病，以免欲速而不达。练习达到一定程度时，着势相连，神气贯串，动作协调，内外一致，即可依据“要拳”公式去练习。从起势到收势，追求势与意合，按照手、眼、身、步及腿法的具体要求认真做好，着着得机得势，敏捷灵活，衔接贯穿，圆满活润，在神气充沛、意念顺流、每个动作似乎即将终止之际，立即开始下一招式，起承转接，使拳路变化似止非止，停而非停，周而复始，连绵不绝，但是这一阶段需革除“撇、停、流水”之病。拳势中的每一动作，一侧动而另一侧不动为“撇”，脚之作用与手同。不到成势时止住，将劲路打断是“停”，犯此病实际是将阴阳离决，劲不连接，终无效用，在养生和技击上均无益处。拳势一混做过去谓“流水”之病，此病为着势不清，技法不明，必致劲无从发。“撇、停、流水”之病是太极拳修炼中极容易出现的问题，许多人多年演练一无所成，皆有此原因。因此在“要拳”公式指导下，招招势势走起来，稳、腻、圆、活，贯穿套路始终，招式承接之时，必须考虑手、足、身三者如何得机得势。弄清拳架的来龙去脉，掌握机关，自然灵活转变，达到“耍拳”之目的，阶及神明，与人相搏，立于不败，渐至随心所欲之境界！和式太极拳大家和定乾曾淳淳告诫其弟子贾澎：“耍拳”要随势、端的，不要“拿架”，一步一步来①。此中深意，非多年的和式太极拳功夫积累则难以领会。和式太极拳的传授有“装东西”一说，拳架不装东西为空架，装得早适得其反，装得晚苦练无益。要求在不同的技术层面上掌握不同层次的理论及循序渐进的教学特点，即所谓“一层功夫一层理，一层功夫一层技”。所以，只有按照和式太极拳习练要领循序渐进地长期坚持用功，太极之道的真谛与境界才能自然而然地体悟于习练者的心胸。

一些民间老拳师通过大半生习练太极拳，有了深切的体悟后，话语质朴而又感人，在他们的体认中，大多数都具有把练习拳法当做修炼的感悟：“人体修到高深，无处不丹，全身无处不充盈，全面灵敏就完整无杂，动作准确，线路明晰，方法得当，就做到了干净利索。”“修炼要内修，内气充实，是功夫之本，通过习练功法，左右活心肺、上下舒肝脾，动转强壮筋骨，开展舒脉达络，持久习练可加强道基的巩固，所有的本领要功夫上身，身上有功夫，而不是手的修行。”有的老拳家甚至简洁地把太极拳的习练目的称为“通达”，认为无论技击还是健身养生，太极拳“所追求的就是通达”：“我已经五十三岁了，我追求什么？我追求节节贯通，追求通达”。②如果联系和式太极拳的产生背景及其相关拳理来看，在这里，“通达”其实已经不仅仅是健身养身层面的追求，这两个字背后可能已经隐喻着太极拳学乃至中国武术“以技入道”的境界象征③。

（二）和式太极拳“以技入道”

事实上，在中国古代的一些理论著述中，“武”更多的是被阐释成一种技艺。近代一些武术大家，如孙禄堂等人，则通常把武术称为“武道”，这

①贾澎．阶及神明之捷径［EB/OL］．新浪博客，2005-06-25.

②王玮．赵堡太极拳丹功诀诠释（下）［EB/OL］．太极网，2010-10-18.

③林北生，周庆杰，卢兆民．庄子技道观与武道修炼的境界［J］．西安体育学院学报，2009（5）：558-561.

种“武以载道”的观点显然是庄子“技以载道”思想的延续。“技进乎道”作为庄子技道观的核心思想，早已被历代武术大家奉为“由拳入道”的终极目标，而且对武术修炼的境界有着极为深远的影响。以此而论，武术的习练过程显然又可以被视为一个“以技入道”的过程，武术习练者不过是在借助武术这种自己喜爱的方式而“以武悟道”而已。太极宗师孙禄堂在《论拳术内外家之别》中对武术与“道”有这样的描述：“余敬聆之下，始知拳道即天道，天道即人道。又知拳之形势名称虽异，而理则一。”这是孙禄堂开悟后的心得，武术所追求的实质就是事物的内在普遍规律。在其《拳意述真》中，孙禄堂谈及练拳的经验时说道：“拳术至练虚合道，是将真意化到至虚至无之境。”

武术功夫修为的层次与水准，在相当程度上决定了一个人的武学境界。从人类文化大视角而言，武术功夫层面上的武学境界其实又是人生境界的一个组成部分。人生是一个包罗万象的综合体，武术无疑只是人生万花筒中的一个元素。日常生活中，人们在谈到人生境界时，经常会评论某人境界高，某人境界低等。这里所指的“境界”，显然主要聚焦于人的精神境界。“一个人的境界就是一个人的人生意义和价值”“每个人的境界不同，宇宙人生对于每个人的意义和价值也就不同。”①一个人的生活和实践创造了一个人的“品格”，构建了一个人的境界。换言之，一个人的一生只有做有益于社会的事情，才能充分地体现其人生价值，才能使自己的一生充满情趣，才能使自己在世上“诗意地栖居”，这一切的前提需要一个高品位的人生境界。学者冯友兰谈到人生境界时曾指出，“人与其他动物的不同，在于人做某事时，他了解他在做什么，并且自觉地在做。正是这种觉解，使他正在做的对于他有了意义。他做各种事，有各种意义，各种意义合成一个整体，就构成他的人生境界”。冯友兰先生将做事、觉解、意义和境界统一起来，将人生境界划分为 4 个等级：自然境界、功利境界、道德境界和天地境界②。

借助冯先生的觉解，从“以技入道”的视角来审视以“耍拳”标志的和式太极拳法，我们不难产生这样的理解与感悟：习武者修炼太极拳，不仅是在技能层面练习太极拳技，更是在自觉地修炼太极拳学，知道自己修炼太

①叶朗．美在意象［M］．北京：北京大学出版社，2010：471-472.

②冯友兰．中国哲学简史［M］．北京：北京大学出版社，1985：389.

极拳学的内容，也明白自己为什么修炼和式太极拳学，怎么修炼太极拳学，从而觉解太极拳学修炼对自己做人的意义。习武者在太极拳学修炼中觉解到的各种做人的意义整合为一体，就是太极境界。在太极拳修炼过程中，习练者觉解到各种太极修炼手段和方法的相应做人意义，然后将这种觉解的做人意义内化为自己的世界观、人生观和价值观，指导和评判自己的行为，创造自己的人生，这就是习武者的“太极人生”。将这一推理应用到和式太极拳，则不妨可以这样认为，在和式太极拳的修炼过程中，习练者觉解到以“要拳”为标志的各种太极修炼手段和方法的相应生活意义，然后将这种觉解的生活意义内化为自己的世界观、人生观和价值观，指导和评判自己的行为，创造自己的人生，这就是和式太极拳习练者的“‘要拳’人生”，即用和式太极拳修炼创造人生。可以预见，在以“要拳”为标志的“‘要拳’人生”中，将会有越来越多的世界各国的人们接触到妙不可言的中华太极文化，感悟出博大精深的中华传统和合文化特质，进而一步步接近和式太极拳所蕴含与彰显的中华武学修炼境界，在“自在境界”“功利境界”“武德境界”次第提升中畅想“天人合一”的人类大同理想①。

①李龙，李伟．武术修炼四境界［J］．上海体育学院学报，2014（4）：85-88.

第五章 和式太极拳地域文化特色

和式太极拳发源于河南焦作温县赵堡镇，而焦作市在古代被称为覃怀，俗名又称怀川，具有悠久而浓郁的地域文化特色。改革开放以来，和式太极拳如沐春风，呈现出蓬勃发展的势头，伴随着其地域文化特色的四方流传，当代和式太极拳的国际传播问题也日益引起人们的重视与思考。

焦作云台山实景

第一节　怀川大地的地理人文环境

一、北依太行、南临黄河的地理环境

焦作[①]古称覃怀，俗称怀川，覃怀文化源远流长，自然景区美丽壮观，蕴含着丰富的历史人文资源与著名的旅游文化景观。焦作位于河南省西北部，东接新乡，西连洛阳，南临黄河与郑州一衣带水，北依太行与晋东南一脉相连，区位优势比较突出。它地处我国南北交汇点，东西结合部，又是新欧亚大陆桥在中国境内的中心地带，具有承东启西、沟南通北的枢纽地位，不仅蕴含着丰富的矿物和水资源，而且还以云台山等旅游文化景区而知名。

焦作的自然风光秀美壮丽。太行山层峦叠嶂，母亲河渊源流长，大山大河造化了焦作山水的灵秀，同时也成就了焦作旅游的发达。太行峡谷景观尽显雄险奇秀，黄河北岸风光充满诗情画意，旅游景域面积500平方公里，在绵延130公里的旅游风景线上，景区景点达1000余处，其中5A级景区3处。以云台山、青龙峡、青天河、神农山、峰林峡五大景区，以陈家沟、嘉应观、焦作影视城、龙源湖公园、森林公园、朱载堉纪念馆、韩愈陵园、丹河峡谷、顺涧湖（古周城）等十大景点组成的“焦作山水”，自然风光秀丽，山水景观独具特色，2003年3月，被评为全国知名旅游品牌。2004年1月，焦作市被国家旅游局授予“中国优秀旅游城市”称号；2月，云台山被联合国国际教科文组织授予“世界地质公园”称号。2006年2月，世界旅游评估中心和世界旅游推广峰会全球秘书处授予焦作旅游服务“世界杰出旅游服务品牌”，焦作市是中国首获此殊荣的城市；7月，焦作黄河文化影视城被评选为中国十大影视基地；9月，焦作市成为国家园林城市；10月，被授予“中国城市旅游竞争力百强城市”。联合国教科文组织地学部主任、国际权威地学专家伊德博士曾经表达了自己的由衷感叹：“我不得不承认，云台山是一个独一无二、不可比拟的地质公园。它给我的印象是一部乐章，是

①本节内容参考了网络相关焦作市的简介资料。

一首贝多芬的交响乐，是一首最美妙的山水交响乐。”山之巅，水之滨，太极魂、山水情，拳乡的每一寸土地都溢满了乡情。生活、劳作在如此动人的青山绿水之间，淳朴的焦作人民用自己的方式执着地表达着对太极武术的热爱。

二、享誉中外、驰名神州的怀药特产

焦作地处沁河下游，南濒黄河，北依太行，土壤肥沃，四季温差明显，很早就有种植地黄、牛膝、山药、菊花四种中药材的传统习惯。四大怀药以悠久的历史和优秀的品质迅速闻名全国，明清时期贵为宫廷贡品。

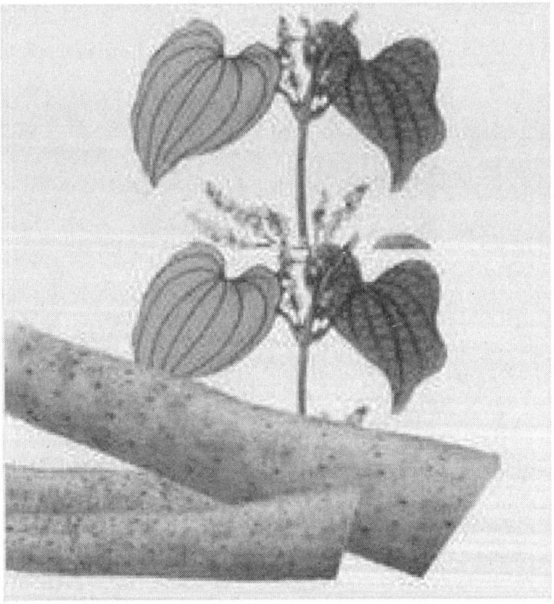

“四大怀药”中的怀山药

“四大怀药”中的怀菊花

“四大怀药”中的怀地黄

“四大怀药”中的怀牛膝

“四大怀药”中，怀地黄是一种常用的中药材，取根块入药。鲜地黄直接焙干，称生地，有很高的清热凉血医效。《神农本草经》说它：“久服轻身不老，生者优良。”近代有关资料记载，怀地黄还有与肾上腺皮质激素相似的功效。经加工后的熟地黄，生精血，补肝肾，填骨髓，长肌肉，是很好的补益药。

怀牛膝以其茎部有节似牛膝而得名，药用根部。牛膝药效甚高，主利腰肾、通经络、破淤活血、消积导滞、清利二便。《神农本草经》将其列为上品，称“久服轻身耐老”。明代著名药学家李时珍说：“本经又名百倍，隐语也，言其药效如牛之力。”近代医药学认为，怀牛膝对子宫、肠管有一定的加强收缩及止痛作用，对心血管系统有降压效果，对外围血管扩张也有一定的作用。

怀山药，根块圆而细长，可供食用。汁少粉多，煎煮不败，甘甜可口，其营养成分居蔬菜之冠。逢年过节，请客设宴，做拔丝山药、糖山药等招待宾客，是一种理想的佳肴。干山药作药用，有健脾补虚、滋精固肾、治诸虚百损和五劳七伤的功能。近代科学认为，怀山药含有丰富的淀粉、糖蛋白、胆硷、维生素丙等多种营养成份，是滋补强身、疗食相兼的佳品。山药蛋和根块有同等功效。

怀菊花，花、叶、茎皆可入药。古代医学认为，怀菊花得天地之清气，含金水之精英，饱经露霜、备受四气、善清上焦邪热、疏风解毒，清肝明目，安肠胃，调四肢，解渴消毒。久服利血气，轻身耐老，延年益寿。近代临床报道，用开水冲泡作茶饮，对高血压、头痛、失眠等症状有明显疗效。

“四大怀药”通过东南亚国际市场行销世界各地，久负盛名，国外称为“怀参”和“人参”等相提并论，可见其被珍视的程度。特别是怀山药，日本、欧美各国称之为“华”药，以高级滋补品和馈赠品誉满全球。

“四大怀药”之外，博爱竹器也较为有名。博爱竹器（也叫清化竹器），以“清化竹器”而驰名。博爱竹器，异彩纷呈，包括许良、上庄、磨头 3 个乡 30 多个村庄的所有竹器产品约有 200 余种。另外，当阳峪绞胎透花瓷始于唐代，宋时与定窑、汝窑竞相媲美。其纹理变幻无穷，自然流畅，类似木纹、蒂纹、麦穗纹、乌羽纹，花色之美，工艺之巧，堪称一绝。

三、源远流长、特色鲜明的怀川文化

焦作人文景观丰富多彩，是人类早期主要活动地之一，有着深厚的历史文化底蕴，五千年的古老文明在此留下了众多珍贵史迹。

这里是人类始祖的发源地，有盘古开天地、黄帝战蚩尤、女娲补天、大禹治水等神话传说。原始社会末期，位于黄河流域中游的覃怀文明就吸引着四方百族，成为华夏民族发祥地的中心地带。这里是商汤革命的起始地；是武王伐纣的根据地；是光武中兴的大本营；是“正始玄风”的策源地和以易学为灵魂的太极文化的产生地；是水利文化、度假村文化之根所在；是中国 46 姓和日本的坂上、大藏、原田三姓之历史根脉。神农祭天处、尝百草处、药王孙思邈活动遗迹等，显示着怀川是古代农业和医药的起源地；出土众多的陶瓷文物及当阳峪陶瓷遗址，显示着怀川是发达的陶瓷文化之根；由大禹亲自颁发的《夏小正》是中国的历法之根；发源于陈家沟的太极拳、月山寺的八极拳和净影寺的猿仙通背拳则标志着怀川在中华武术中的重要地位；此外，这里还是历史上著名的道教中心和佛教圣地。据史志记载，焦作有 60 座历史古城，其中城区 6 座，祠庙 335 所，其中城区 70 多所。统计资料显示，全市有不可移动的文物古迹点 833 处，其中国家级重点文物保护单位 6 处，省级 44 处，县级 492 处；城区内有不可移动的文物古迹点 214 处，其中国家级重点文物保护单位 1 处，省级 6 处，市级 81 处 ①。

“竹林七贤”

巍巍太行和滔滔黄河孕育了怀川大地悠久的历史文化，同时也培育出以“竹林七贤”、司马懿、朱载堉、韩愈、陈王廷和兆元等为代表的众多中华古代杰出人物，他们的卓越表现，又使得源远流长的怀川文化，突出地表现出了一种隐逸文化的传统特色。穿越千年的岁月，遥望远去的时空，怀川大地曾经是诸多大师泰斗的故里，孔子、李白、白居易、韩愈等各类数不清的历史名人也曾在此或游历、或隐逸、或葬归于此。魏晋时的“竹林七贤”在修武百家岩隐居游览，影响颇大；西汉开国名臣张良刺杀秦始皇失败后也曾避隐于此；春秋战国时期怀川人原轸的“伐谋”开孙武“上兵伐谋”思想的先河，体现了中国古代兵家和兵学重谋略的军事文化思想，为晋国的崛起作了杰出的贡献；子夏在孔门七十二贤中名列第四，是我国历史上继孔子之后出现的第二代宗师；“竹林七贤”的不拘礼法，任我逍遥，真率淳至之品性影响了不止一个时代；司马懿隐忍负重、避其锋芒、大智若愚的卓绝智慧同样在历史上影响深远；韩愈在教育、哲学、文学等方面的道统论海内知名；许衡的心性论和治生论思想别具一格；而何瑭的阴阳哲学思想、道信的的禅学理论以及紫虚元君的存思身神、守固精气的理论和司马承祯的坐忘收心、主静去欲的道教修炼方法都使得怀川大地具备了与太极文化密切相关的传统文化氛围。神农尝百草和药王孙思邈的医学底蕴及乐圣朱载堉的音乐发明标

①本节内容参考了网络相关焦作市的简介资料以及杨玉东、程峰教授的“覃怀文化”观点。

志着怀川地域在休闲养生的传统文化氛围里具有开拓创新、发明创造的难能可贵的精神；李商隐伤感和绝望的“幽艳晚香之韵”；卢仝的奇异诗体和传唱千年不衰的茶歌则同样烘托出陈王廷“归耕乡里，闷时造拳”的太极拳创编历程。正是在这样一种天然地域条件和传统文化环境中，和兆元吸纳医学、易理、理学、太极等诸家之长而创立了被称为“代理架”的和式太极拳。抚今追昔，源远流长、特色鲜明的怀川文化传统从历史的视角也为我们了解和式太极拳提供了客观的依据和文化的启发。

第二节　赵堡村落文化的历史影响

和式太极拳诞生于古称怀川大地的河南焦作温县赵堡镇，在和式太极拳的发展史上，赵堡镇的历史地理文化状况产生了重要而综合的影响作用。

一、和式太极拳诞生地赵堡简况

赵堡是温县的重镇，人口近万，地处平原，其南部为黄河滩区，北部为低缓的丘陵平原，农业发达，该地区属于温带大陆性季风气候。据《赵堡志》记载：“春秋时期，晋昭公封大卿赵公食邑于温，于温东十五里许挖地筑堡而居，故称赵堡。”迄今已有两千五百余年的历史。赵堡具有相对较多的人口，交通便利，方便物资集散，建立有经常性的商业服务设施以及文化、医疗等机构。一般情况下，我国除了市县人民政府所在地及其他设建制镇的地点外，其他多数乡的行政中心，具有一定的商业服务和文教卫生等公共设施，并有相应的腹地者，均为习惯上的集镇称谓①。赵堡历来便是温县县东的政治文化交流中心，自 1993 年便被称为赵堡镇，管辖 22 个行政村。赵堡东西长三里，南北长二里半，古赵堡历来是兵家必争之地，所以村落防卫系统完善，现如今赵堡的古城墙已毁失殆尽，护城河也成为村边的沟壑。沿清风岭至赵堡的九条路沟曲折蜿蜒，赵堡在当地人的风水观念里是头朝南

①翟有龙，李传永．人文地理学新论［M］．成都：西南交通大学出版社，2004：337.

的凤凰，所以该地势当地人称为“九龙朝凤”。赵堡自古以来的自然环境较为优越，处于“三百里怀川”之内，采撷了黄河上游各个地区不同地质条件的丰富营养，且吸纳了太行山岩溶地貌渗透下来的大量微量元素，加之太行山的蔽护，集山之阳与水之阴于一体，是四大怀药的原产地，所以当地的中医、药文化发达。该地农业发达，改革开放以来，农田水利方面均有建设，农业发展更是迎来新的景象。1981 年筹资兴建了校舍，开创了农村重师兴教的先河，受到了极大的表彰，并拍有新闻纪录片，反响巨大。赵堡农业发达，经济贸易繁荣，文化多元和谐，是温县地区很有影响力的村落。

从人口方面来看，赵堡相对来说是一个大型村落，它有着近万的人口，数量较大，姓氏过百，是属于少见的村落现象。赵堡境内还有少数民族家庭。总体来说，赵堡是一个大型的多民族杂姓村落，这样的村落具有多元文化的特点。赵堡地处平原，大部分居民以务农为生，有少部分人从事养殖或作为技术工匠。由于赵堡是政治经济腹地，所以该村落的商贸及文化活动也相对较多，也有一定的人专门从事。由于赵堡历来是温县县东的交流中心，所以赵堡是相对比较开放的一个村落。村落是以地缘、业缘为组织进行管理。加上赵堡多民族、多家族的特点，抑制了家族势力的膨胀。另外，赵堡地域内宗教氛围浓郁，多种宗教共存，其中道教影响最为深远，并且多数家庭对宗教信仰并没有明显的界定，往往释、道、祖先混杂一起。有研究者在考察期间甚至见到赵堡境内的佛教寺院永安寺偏殿里供奉着三清仙尊，在调研询问寺内师父时，他们的回答是三清庙在修缮，所以就在这里暂放。在赵堡，宗教信仰是人们情感的宣泄，也是他们在人际交往中达成群体认同的一个纽带，他们人生的每个驿站都能找到相应的神灵来寄托自己的情感。这种多元文化的特征显然对于和兆元吸纳易理医学、道家文化与陈式太极拳等的精华，创编和式太极拳提供了一种相对客观的注解。

历史上，作为地处黄河北岸重镇的赵堡，经济文化繁荣，商贾云集，素有富冠海内的美誉，是温县的东大门及中州的重要古镇。元朝末年，自然灾害频发，黄河地区水患尤为严重，温县南滨黄河，洪涝灾害严重，加之蝗蝻遍野，温县境内人口锐减。同时，元朝统治者的高压统治，导致红巾军起义，连年的战乱纷争，致使民不聊生。据《温县志稿》记载：“洪武初年，因元末铁木尔守怀庆，明兵久攻不下。及统一天下，太祖迁怒于民，加屠戮，时温民死者甚多。……洪武二年，徙山西之民于温县。今考各碑碣墓铭之类，其原籍由山西洪洞迁来者十居八九云。”和姓是我国古老的姓氏，现今居住在河南温县赵堡的和氏一族便是在明朝洪武年间由山西洪洞迁徙而来。上述因素，自然对于和兆元所在的和氏家族产生了深刻的影响。

二、家族、村落与和式太极拳

家族是组成中国社会的基本单位，是中国文化的重要载体。近年来，传统的家族组织、活动在我国得到了一定程度的恢复和发展，乃至文化的重新调试，此类社会现象的出现，引起了多领域专家学者的关注。村落是由一个或多个血缘群体聚居、生活、生存的空间，从本质上来说，中国村落就是一种社会文化，它随着历史演变而形成，随着社会的变迁而变迁，它是一种层累的、历代传承的文化现象。研究家族总是要把它放在特定的地域空间内考察，因为家族是存活于特定地域范围内的血缘群体；而村落的研究总是要着眼于一个个血缘家庭与家族，村落是由活动在特定地域范围内的血缘群体所形成的空间单位①。

和氏太极家族主要聚居在太极文化浓郁的温县赵堡村，自和兆元创拳起，和式太极拳便在家族内传承不息，期间和式太极拳充分汲取和氏一族的家族文化，和氏一族也因拳的诞生及传承而被称为和氏太极家族。

（一）赵堡村落文化对和氏太极家族的影响

村落文化是聚居在同一空间内的人们，在同一生产或生活方式下，人们通过普遍认同的价值观念及行为模式所创造出来的文化模式。家族是组成村落的单位，家族制度在一定程度上促成了村落文化的形成，同时村落文化对家族的影响力也是极大的。对村落的概况及人文环境的描述可以反映出该村落生产、生活方式和价值观念、行为模式的具体情况，折射出该村落的文化。在赵堡这个地域空间内有着上百个血缘小群体，他们是构成赵堡村落文化的重要因素，但是单个家族于整个村落而言又显得十分渺小，在这个村落

---

①段友文．黄河中下游家族村落民俗与社会现代化［M］．北京：中华书局，2007：2-3.

里并没有形成大的家族势力，村落的管理更加趋向于地缘性。所以家族对于赵堡村落来说犹如其细胞，是自身的一部分，但同时不会影响到这个地缘组织的正常状态。相对来说，家族则是依附于这个村落，村落文化直接影响着其家族的方方面面，和氏太极家族也不例外。

赵堡人口繁杂，人际关系也相对单一姓氏村落会复杂许多，和氏太极家族以和为贵、谦敛有节家风的形成，与之有着一定的关系。这样的家风，使得和氏太极家族在赵堡繁衍至今，人口虽不多但在村落内却具有不小的影响力，在这个家族势力不断被抑制的村落里，这也属于比较少见的。而这与和氏太极家族创编和式太极拳并将其发扬光大有着很深的联系。赵堡地区尚武之风是促使和式太极拳产生的重要推动力，当地浓郁的中医、药文化促使和氏太极家族族人对医学的研究。和式太极拳，拳、理、医相融合，这与赵堡多元文化碰撞融合的村落文化有着相通之处。在一个交流开放、多元融合的氛围空间内，和氏太极家族文化也会携带着包容并蓄的特质。同时，赵堡地区浓厚的文化氛围、政治文化交流繁多的优势也推动了和式太极拳理论的完善。

赵堡重视地缘组织的特点造成该地域内鲜少见到家族祠堂这种象征家族制度的建筑，和氏太极家族早年并未修建祠堂与赵堡村落文化有着直接关系。在这样的村落文化影响下，人们对祖先崇拜以及家族制度的热衷度也会相应减小。

赵堡多家族聚居致使家族制度管理在赵堡并不可行，所以通过地缘组织对村落进行管理是该村落发展的必然选择。但是缺乏血缘关系的维系，村落成员之间是需要寻求文化认同来凝聚的。所以，村落文化便成为人们维系感情、达成共识的纽带，人们也逐渐加深对村落文化的认同。村落文化的认同表现方式多种多样，如对地域名人的推崇或是村落集体事物的共同构建等，我们不妨从表现力最强的宗教信仰方面着手对此进行分析。赵堡境内庙宇众多，曾一度达到五十多座。赵堡地区宗教氛围浓郁，这也是有着必然原因的。首先，赵堡在其选址时，便有着关乎风水、法乎自然这样神秘而科学的特点。从风水的角度来看，赵堡是“九龙朝凤”的宝地，赵堡被视为“凤凰”。而“凤凰”的身体是由赵堡境内的五座大庙来定位的。其次，多家族聚居制度的管理显然不适用，那么诸多家族之间需要有一定的文化认同来维系，所以人们便选择了地域崇拜及宗教信仰来完成多家族的文化认同。

这样一种文化认同对于家族的影响无疑是巨大的，和氏太极家族是世代传授技艺的家族，需要很强的家族意识，所以这样一种大环境下的文化认同也会对和氏太极家族的发展造成一定的冲击，家族内部也时有涣散的情况发生。但是相对地，和氏太极家族也因为和式太极拳家族传承的原因，与其他家族相比又较为紧密。在赵堡境内，有着出了“五服”便不是亲戚的习俗，但是和氏太极家族因为拳术传承的原因，这样的习俗并未对其造成太大的影响。和式太极拳自和庆喜开山收徒以来，出现不少外姓传承者。1940 年以后，郑伯英、郑悟清、侯春秀等人在西安传拳，为区别于其他流派太极拳，也为了表达对师门的敬重，便将所承拳术称为“和式太极拳”“和家拳”“赵堡和式太极拳”等。

（二）和式太极拳发展的家族影响

自和式太极拳创编、传承、推广直至现如今的规划以来，和氏太极家族都扮演着重要的角色。其家族对和式太极拳所产生的影响力很大，在家族的影响力之下，和式太极拳从始至今的发展都印刻着家族的痕迹，家族的变迁也促成了和式太极拳的变迁。

和式太极拳早期的传承仅在家族内部进行，从和兆元创拳至和庆喜开山收徒近百年的时间里，和式太极拳的技术、理论发展主要是在和氏太极家族内部完成的。在此期间和式太极拳充分吸收了其家族文化的养分，也形成了和式太极拳的风格特点。在此期间和氏太极家族是属于较为显赫的家族，和兆元官至“武信郎”，并且武学造诣精深，受到众人敬仰，其家族的姻亲及交游都是较有影响力的。后和敬芝又被授予“文林郎”，并在河朔书院讲学，所以和氏太极家族在这个时期并无生活负担，并且家庭内部文化氛围浓厚。此时处于清朝晚期，家族制度相对稳定。和式太极拳早期就是在这样一个相对封闭、文化氛围浓厚的家族内部发展，使得和式太极拳形成了丰富文化内涵、家族文化烙印的特点。

师徒传承其实是以模拟血缘关系而进行的传承方式。老师与学生之间通过拜师，形成与父亲同义的师父，与儿子同义的徒弟。在家族研究中，这种拟制血缘的关系在一定程度上也可以称为家族，是具有同一的意识形态和认同。和式太极拳师徒传承的出现，标志着和氏太极家族从小家到大家的跨越。和庆喜教授出来的诸如郑伯英、郑悟清等大批徒弟，后来成为推广和式太极拳的中坚力量，也极大地丰富了和式太极拳的内容。在和庆喜教授徒弟的时期，正值社会变迁，封建社会正在逐步瓦解，新民主主义革命对家族制度的影响极为深刻。“五四”运动前后，马克思主义在中国传播，革命者开始以历史唯物主义为武器，剖析家族制度的社会根源和危害①。家族意识在这样的社会背景下逐渐被削弱，和氏太极家族也在此次社会变迁中深受影响，抗日战争时期举家迁徙，颠沛流离。然而在这个时期，和式太极拳注入了新的血液，他们中不乏拳艺精湛之人，在和式太极拳最初推广时期起到了至关重要的作用。由“带理架”向“和式太极拳”的转变也因这样一批拟制血缘的家族成员而发生。

改革开放以来，家族意识逐渐复苏，人们对家族事务的热忱度也逐渐高涨。在经历过时代变革后，人们对于家族的认识也更加全面，能够客观地认识到家族制度的利与弊。和式太极拳的发展也迎来了新的契机。和氏太极家族在和式太极拳的联系下，逐渐恢复其家族意识及家族亲和力。近年来，和氏太极家族关于家族事务的构建逐渐增多，家族活动的举行有利于家族成员之间的交流，有利于和式太极拳的交流完善。家族成员及和式太极拳的门徒将传拳的脚步遍及大江南北，和式太极拳在传承过程中的传承方式不断丰富，和式太极拳的协会组织也日渐增多。所以近年来和式太极拳的发展有着家族意识恢复的原因，也得益于传承方式和组织形式的丰富革新。家族内部及门派传人的团结有利于凝聚推广和式太极拳的力量，也有利于和式太极拳的创新发展。

从现阶段来看，家族的复苏是必然趋势，人们的家族意识也会逐渐增强。对于家族成员来说，对家族技艺的继承与保护是有着责任感的，这种责任感对于和式太极拳的发展来说是很强大的力量。现如今社会发展进程加快，人们的生产、生活方式也在发生着变化，人们在面对快速发展的社会时，对于传统简单家庭的渴望也日益增强。于赵堡而言，破败的庙宇、人口流动的增加、现代社会价值取向的影响，村落文化也逐渐被削弱。人们对家

①李永芳．民国时期传统家族制度的变革与家族文化的衰落［J］．中州学刊，2014（1）：146-152.

族意识的复苏也是在寻求其精神寄托。和氏太极家族的发展也呈现出前所未有的景象，陵园的修建、家谱的编撰都在反映着其家族意识的渐强，和氏太极家族的成员也逐渐认识到家族的力量要远比个人的力量强大，家族成员之间的联系日益紧密。

在和式太极拳未来的发展过程中，家族的力量无疑是巨大的，家族成员在借助家族力量发展和式太极拳之时要合理地运用。家族力量是发展的推手，如果不能客观合理地运用也会成为发展的阻力。所以和氏太极家族内部的凝聚力及家族成员对拳术传承的使命感是和式太极拳发展的动力，运用家族内部交流频繁的特点丰富完善和式太极拳的内容，以“家”的观念影响和式太极拳习练者，促进和式太极拳内部的团结，以“家拳一体”集结和式太极拳发展的力量。同时，不让家族的封闭性影响和式太极拳的发展，要积极汲取家族以外的文化养分，客观认识家族传承的局限，发展多样化的传承方式。

（本节由和慧超撰写）

第六章　和式太极拳与中华传统家风

传统意义上的中国社会是以家族为本位的社会，家族文化在中国文化的组成中占据着重要地位。中国传统的众多技艺，主要以家传为主。作为中国文化代表之一的太极拳在其传承中，也烙上了家族的印记，以其自身特有的方式向世人展示着中华民族的形象和个性，延续着中华民族的血脉。当代太极拳各大流派几乎皆以创始人姓氏命名，其传承发展过程也与各自相应的家族密不可分，其中的相关元素如传统家风等，具有较为重要的象征意义与历史价值。

第一节　和氏家风之于和式太极拳

和式太极拳是太极拳的主要流派之一，和式太极拳自创始以来仅在家族内传承，直至第三代传人和庆喜开山授徒才使得家传拳术公于世人。时至今日，和式太极拳在几代人的不懈努力和文化繁荣的时代背景下蓬勃发展。和氏太极家族在和式太极拳发展过程中有着深远的影响。

“和”家风

和氏太极家族是指始创和式太极拳，将太极理论用以规范和指导其家族文化，并形成其特有的家族特征的和氏家族。家族文化是一个家族的灵魂，是区别于其他家族的重要特征。家族文化是在家族逐渐发展壮大中，不断积淀升华所形成。家族文化是维系家族内成员的重要纽带，也是家族文化传统、精神风貌以及道德规范的表现。在对家族的认识上，有一派学者认为家族有“实”的一面，即社会的外观形态；还有“虚”的一面，即文化表征意义。本书认为这“虚”的一面的内核便是家族文化，是于家族之上的虚体或纯粹的意识。钱穆先生认为魏晋南北朝时期世族对于门第中人讲求具孝友之内行，有经籍文史之修养，合成之为当时的家教，前者成为家风，后者称为家学①。于家族文化而观，家风、家学能够直观展示家族传统风尚和相传之学，是家族文化的表现形式；而家庭教育简称“家教”则是传承家风、家学的主要方式。和氏太极家族形成近两百年，家族成员承袭世祖之风，传承先祖之学，逐步形成了独具特色的和氏太极家族文化，和合仁孝的治家与伦理之风、谦敛有节的处世立身之道、勤勉明志的治学立志之法构成了和氏太极家族的家风。和氏太极家族历来习理尚武、行医为业造就了和氏太极家族拳、理、医相合的家学特点。和氏太极家族的家风及家学都通过家教的形式得以延续，和氏太极家族的家教主要有言传身教、严慈相济的基本形式与要求，以及知行相合、因人施教这样的特色家教，用以完成对拳术、中医的传承与丰富。和氏太极家族文化深深地影响着和式太极拳的门风、技理乃至和式太极拳的教授与习练方法。

一、以家风促拳之门风

和式太极拳经历长时间的发展，该流派在各流派太极拳中愈显特色，形成了门派特有的门风。这种门风影响着世人对和式太极拳习练者的印象、和式太极拳门内之人的关系，也规范门派内对传人的管理。而这门风之形成与和氏太极家族家风有着密切的联系。

和式太极拳在长期发展中形成了已成文的门规戒律，这些门规戒律会在拳师收徒仪式上作为师父的训话，抄印在拜师贴之中，具体如下：

①钱穆．略论魏晋南北朝学术文化与当时门第之关系［J］．新亚学报，1963（2）：5.

门规	戒律
尊师重道，识礼有节， 孝亲睦友，仁义诚敬。 勤勉明志，谦敛和善， 以和为贵，维扬正义。	奸滑虚伪，贪婪轻狂， 轻师忘义，诋毁师门。 持技欺人，不精滥传， 有志无恒，惹事生非。

和式太极拳门规戒律的内容除了有“尊师重道”“仁义诚敬”等与其他武术流派一致的要求外，还有着与和氏太极家族家风相契合的内容，正是这些与家风相契合的内容构成了和式太极拳独具个性的门风。例如，门规里所要求的谦敛和善与家风中的“和”“谦敛”相对应，谦敛和善成为和式太极拳习练人群比较突出的风格。在拳师择徒时，谦敛和善是考量习练者能否纳入师门的重要标准；在习拳过程中，谦敛和善是传人对其自身修养乃至拳风的修炼；在传拳推广时，谦敛和善又是其代表门派的处世之道。

相关研究者曾参与过多次和式太极拳传承者组织的活动，接触过多地的和式太极拳爱好者，他们同门之间都口口相传着一句话“和式一家亲”，有的甚至素未谋面当得知同为一门即亲如一家，这似乎是他们辨别是否为同门的“暗号”，又像是和式太极拳习传者集结力量的“号角”。同时，在同门交往切磋时注重谦虚更内敛，对于轻狂自吹之人远之不交，这些同样适用于和式太极拳门内之人对外的态度。近年来，和式太极拳发展趋势迅猛，随着习练人口的增加，和式太极拳的精英们也逐渐将门规戒律归纳为简单易传的口号，如和有禄就曾提出“太极大道，以和为贵”这样的语句，这在多数和式太极拳习练人群中广为流传，这句话归纳出和式太极拳的门风，也阐释出和式太极拳的技法要求。

和氏太极家族对“和”的追崇影响着和式太极拳这一流派对于“和”的理解及践行；和氏太极家族谦敛有节的处世之道指导着和式太极拳习练者的习武修身；和氏太极家族对待治学的态度渗透在和式太极拳的教与学之上。总的来说，和氏太极家族的家风促成了和式太极拳这一流派的门风。

二、融家学于拳之技理

和式太极拳自产生以来就在家族内传承不息，甚至在创拳的初期仅在家族内部传承，和氏太极家族对和式太极拳拳架及理论的影响至深，和氏太极家族的家学内容也融合于和式太极拳的技理之中。

（一）以理为拳，体用合一致中和

和式太极拳是和氏太极家族理学的身体表现形式，也造就了和式太极拳以理为拳的理念。理学自宋末至清代以来，一直是中国社会正统的官方哲学思想，在中国哲学史上占有非常重要的地位。理学在清代中期逐渐开始衰落，但是它的影响一直延续到近代。和式太极拳诞生于清朝晚期，它的诞生契合着清同治时期的“理学复兴”，创始人和兆元与理学大儒李棠阶也是亲属关系，和兆元在习练拳术时也受到了李棠阶理学思想的影响，所以和式太极拳初期被称为“带理架”，不仅显示着和式太极拳招招即理的特点，也点明了拳架与理学的关系。理学所讨论的问题十分广泛且深刻，理一分殊的理学思想指导着理学践行者认识一理与天地万物的关系。朱熹指出，天地万物之理，即为一理，而事物都各自有一理。世间千万事物都为一理的体现。同样，这一理从理学家角度出发，也是指导拳术的理。和式太极拳在技术与理论方面如何受到这“一理”的影响，本研究选取一定的内容进行分析。

首先，理学上的“知行为一”“知行互发”的重要思想是和式太极拳理念中“体用一致”要求的理论指导。知与行一直是理学讨论的重要内容，从朱熹提出“知行为一”到后期理学所强调的经世致用及躬行实践都是在不断对知与行的思考。和式太极拳在理学思想的浸染下，对体用关系进行思考推敲，和氏太极家族第六世和有禄在其著作中指出，和式太极拳以体用一致为要求促进拳架、推手、散手三合一，技理相合。通过朝夕盘架来增强自身功夫，通过推手实践矫正拳架，直至最终用于实践①。和式太极拳强调以推手检验拳架，以应用促进思考与矫正，进而提升自身习练水平，强调体用一致、所练即所用、技理相合，这是理学思想对和式太极拳体用及技理关系的影响。

其次，中庸之道自宋代以来，倍受理学大儒推崇，《中庸》也从《礼记》中抽出独立成书，合编为《四书》之一。《中庸》开篇第一章即有：“喜怒哀乐之未发，谓之中；发而皆中节，谓之和。中也者，天下之大本也；

①和有禄．和式太极拳谱［M］．北京：人民体育出版社，2003：6.

和也者，天下之达道也。致中和，天地位焉，万物育焉。”①致中和是习理之人修身明理的理想境界。致，有推而极之的意思；中，中正用中、不偏不倚，指人生不偏离，保持中正平和的心性等；和，指事物表现合乎自然理法、社会法度，和谐平和。中是天下根本，和是万物共行的原则，致中和便是天地万物各在其位生生不息。和式太极拳以此为指导，其技术表现及理论要求都有着“致中和”的表现。拳架要求中正，居中则能正。和式太极拳行拳走架要求立身中正安舒，上自百会、下至会阴形成一条直线，不论拳势的进退转移，身体始终如静坐一般不偏不倚。行拳起于中，落于中，攻于中，守于中，守己在中，取彼也在中②。在实战中，和式太极拳拳谚有云：“脚踏中门抢中位，就是神仙也难防。”和氏家传老谱对“中”进行了详细的论述，将其作为和式太极拳一个显著的特点，老谱中便记述有“不贪不欠，不即不离，不偏不倚，无过不及”，和式太极拳对“中”的阐述还要求意念守中，本心与意念抱元归一，所以说“中”也是和式太极拳的根本。和式太极拳将“和”作为其行拳实战及拳理武德的原则。和式太极拳在技法上要求和顺自然，招式表现内敛，实战中以和顺化逆抵，避实击虚。拳理讲求和合，阴阳合聚，内外相合，技理相合。和式太极拳追求自然、和谐，遵循人体生理机能，追求人与人的和谐。所以，致中和是和式太极拳的技理指导，也是和式太极拳所追求的理想境界。

理学思想对和式太极拳的影响极为深远，它的影响也不仅仅局限在其技理方面，和式太极拳作为拳师们所推崇的“带理架”，它所蕴含的理学思想值得去挖掘，同样，和式太极拳以理为拳，在其后的发展中也需要理学思想的继续滋养。

（二）以医促拳，天人合一周身遂

和氏太极家族在中医领域也有着一定的造诣，家族以中医理论指导和式太极拳拳架，丰富其理论内容。医源于易，天人合一、近取诸身、远取诸物、取类比象的方法构建成中医学的理论体系，而这些方法正是《易经》所

①蔡志忠．中庸和谐的人生［M］．北京：三联书店，1990：9-11.

②洪浩，和有禄．和式太极拳述论［J］．河南社会科学，2007（5）：9-12.

创。和式太极拳视人体为一圆太极，一动无不动，而中医文化是有机文化的一部分，古代中医学把人体看做是不能机械分割的有机体，注重从整体上把握人的健康和疾病，做出生物学的，甚至社会科学、哲学的解释，具有浓厚的思辨色彩[①]。和式太极拳医理的体现与易理的渗透相辅相成，医易同源。本研究简要从医与易所提出的天人合一、周身顺遂思想分析其对和式太极拳技理的修润。

天人合一是中国传统思想的核心，它指出了人与自然辩证统一的关系，体现出中华民族的世界观、价值观，深刻影响着中国人的思维模式。从中医学角度出发，天人合一是其整体观念的重要组成部分。中医学认为人是宇宙间万物之一，与自然界息息相关，同时又视人自身为小宇宙与天地间大宇宙的和谐相应便是天人合一的表现，天人合一是中医由经验医学转变为理论医学的基础思想。天人合一的思维对和式太极拳的影响极深。首先，从拳架技术来看，和式太极拳拳架处处走圆、轻灵圆活、互为轮轴的特点是以易理为指导，象其形（圆），取其义（阴阳、五行、八卦），用其理（阴阳变易、五行相克、天人合一），和式太极拳有"一圆即太极"之说，并提出圆为太极之象，太极拳每动必以圆为宗[②]。太极即阴阳未分、天人合一之态，同时身体圆则活，圆顺自然，促进人体气血顺畅，达到养生的目的。和式太极拳的行拳便以走圆来追求浑然一体、天人合一。其次，和兆元绘制的"人体太极图"将人体百骸与易理相结合，视人体为太极，为不可分割的有机体，其与《太极拳体用总歌》相结合，道出了和式太极拳的技击特点。和式太极拳提出开合、出入、领落、迎抵为八卦，圆、上下、进退为五行，合之为十三，被称为和式太极拳十三式，与其他太极拳所说的十三式并不同。和式太极拳将十三式中的每一式都视为整体的运动，而不是身体某一部分的运动。这样强调整体的运动方式也促成了和式太极拳技击中突出靠法的特点，因和式太极拳走势整体而动，所以和式太极拳身法独到，要求有意无形，犹如三尺罗衣挂在无影树之上。身体躯干在实战中也得到积极的应用，所以和式太极拳有着"和家神靠"的说法。最后，天人合一、整体化一的中医学思想指导了和式太极拳运动形式、技术运用，同样也影响了和式太极拳的习练方

①薛公忱．中医文化溯源［M］．南京：南京出版社，2013：1-3.
②和有禄．和式太极拳谱［M］．北京：人民体育出版社，2003：43.

法，《太极拳要论》中即有“子午卯酉，朔望漾应，慎而密之，久行功成”。指导习练者应顺应天时，使自然阴阳与人体阴阳互补，天人合一，收行功最佳效果①。周身顺遂是和式太极拳较为显著的技理特点，周身顺遂与天人合一在一定程度上是相通的。中医认为周身顺遂有利于气血的顺畅，达到阴阳协调，五行之气合，是人体顺应自然的表现。和式太极拳在习练时又被称为“耍拳”，和兆元在《耍拳论》中指出，“耍拳”是和式太极拳的独特之处，它的取法是老庄自然之道，《易》学阴阳之理及以弱胜强、无为之为之论。轻灵自然为之原则，始终要求自然、松柔、轻灵，像顽童玩耍那样随意。“耍拳”是和式太极拳的特点，完成这样自然玩耍般的拳架是需要具体的肢体运动方式的要求的。“耍拳”在于自然，在于遵循人体自身的运动规律，不用意、使气，不扭筋别骨，周身的顺遂便是“耍拳”的基础。和式太极拳一直以《九要论》作为其重要的理论基础，也是首次将《九要论》作为太极拳的理论指导。《九要论》中的九要分别是一理、二气、三节、四梢、五行、六合、七进、八法（身法）、九步。其以《易经》内容的顺序阐述拳术，文中多有从医学领域讲述人体自然顺遂之态，和式太极拳的基本要求与其内容一致，所以说《九要论》便是“耍拳”的方法论，是行功走架达到周身顺遂的方法指导。

和氏太极家族将对家传中医的思考融入到和式太极拳的技理之中，遵循天人合一的中医基础，追求人体周身顺遂的自然状态，本文仅从这一点进行分析，其内涵都是值得深入思考的。

三、引家教为师之教法

和式太极拳早年以家族传承为主，和氏太极家族的家教便是和式太极拳最早的教学形式，后来随着时间的推移和习练者的多样化，在和氏太极家族家教的影响下形成了和式太极拳独有的教学特色。

（一）捏架与百日功的体悟

和式太极拳在发展过程中根据拳架风格及技理要求，创造了“捏架”这

①和有禄．和式太极拳谱［M］．北京：人民体育出版社，2003：17.

一教学方法。捏架是老师在言传身教的过程中，师徒之间的沟通，捏架在一些拳师看来就是对徒弟拳架的填充，是由“空架子”到“真功夫”的转变，通常师父也会选择门内一些有习拳天赋和勤勉好学之人在有一定习练水平的情况下才会捏架。捏架的精妙在于师父对徒弟身体各关节位置状态的有序摆放，在外人看来这是种细微的动作调整，然而却能够使得捏架者经脉通畅，在有外来力之时身体处在有走化及传递能力的最佳状态。同时捏架也是因人而异的，师父会根据徒弟自身的身体特点及习练程度进行捏架。和学信的徒弟任自义曾叙述道：“1938 年，我 19 岁，陕西宝鸡跟和学信（和庆喜之侄）老师学和式太极拳，在一次练拳练到懒扎衣时，有个叫柴若英的说，你扎好架子看我能不能拉跑。和老师接话说，不让你拉跑就拉不跑。柴不信。和老师就让我摆了个懒扎衣势，把我一身骨节都摆了一遍，说不让我动，二次又摆了一遍，然后让柴来拉，结果柴若英怎么也拉不动我。和老师叫我站起来，让我自己再摆个懒扎衣势，让柴一拉就把我拉出两米多远。当时我是初学，只觉得老师捏好架子，我就全身发沉，脚好像粘在地上一样。”①和式太极拳捏架的精妙由此可见一斑。徒弟通过捏架调整自身拳架，调整身心，捏架对于习练者来说是一个自身认知的过程。

“百日功”也是和式太极拳在教学时运用的方法。和学俭曾有过这样一个通俗易懂的比喻——这个道理就像是在灶炉上烧的热水，已经接近沸腾，如果加一把火的话，热水会更容易更快地沸腾，而百日功便是这一把火。百日功其实就是习练者在特定条件及时间段内，在师父的指导下进行一系列训练，通过一定时期的大强度训练及规范指导使习练者加强对拳架的身体记忆，激发人体对拳架运用的本能反应，使拳架在习练及运用时能够自然。百日功的练习需要在师父专业的指导下进行，以免造成拳架走样及身体伤害。

不论捏架还是百日功，在和式太极拳教授过程中都是非常重要的，也是很有特色的。不论捏架的口传身授及因人而异，还是百日功的严格训练及悉心教导都与和氏太极家族的家教要求相吻合。

（二）拳架可大可小的教授

和式太极拳传至和庆喜时，师徒传承方式出现，致使习练者出现多样

①佚名．和式太极拳介［EB/OL］．新浪博客，2013-11-10.

化，和庆喜在授拳时尊崇自然顺遂的要拳原则，因材施教，教授出大批功夫精湛的徒弟，其中最具代表性的便是郑伯英与郑悟清。二人深得和庆喜真传，武学造诣颇高，为和式太极拳的推广做出了极大的贡献，有“和氏太极西北二杰”之美誉。二郑虽同为和庆喜的徒弟，但是拳架风格却各不相同。郑伯英拳架舒展大方，快速而变化多端；郑悟清拳架小巧细腻紧凑，轻灵圆活，手法多变。从拳架外观来看，二郑有着大小、快慢之别，究其原因便是和庆喜因材施教的教授。郑悟清早年患有顽疾，多方求医无过，便投师和庆喜门下，和庆喜视其为至亲，便教授其家传和式太极拳，和庆喜因其体弱在教授其拳架时小而紧凑，根据其自身生理特点进行拳架的规范。而郑伯英体格健壮，痴迷武技，深得和庆喜喜欢，收为入室弟子悉心教导，相对来说他的拳架便大而多变。不论拳架的大小或是快慢都是顺应和式太极拳顺遂自然的要拳原则，拳架可大可小、可快可慢是和式太极拳的风格，也是和式太极拳以人为本的特色。

第二节　和式太极拳与中华当代复兴

由以上内容可知，和式太极拳因和氏太极家族而被冠以“和式”之名，这是由于和式太极拳糅合了浓厚的和氏太极家族文化色彩，同时也因为在其家族文化的影响下使得和式太极拳极具特色与生命力。和氏太极家族的世家之风影响着和式太极拳这一流派的门风。拳、理、医相合的家学内容，促使和式太极拳具有包容和谐的风格特点。以理学、中医作为拳架的理论指导使得和式太极拳科学自然、内涵丰富，具有极高的文化价值。引家教用以丰富和式太极拳的教学方法，形成了和式太极拳在教学上独有的“捏架”与“百日功”，并且因人施教的家教与拳术教学方法也使得和式太极拳具有拳架可大可小的特点。

当前，中华伟大复兴的战略主题正赋予了中华传统家风新的时代意义。和式太极拳发展中涌现的优秀传人与优良家风不仅是传统武术文化的一种重要思想资源和珍贵历史财富，而且将在当代民族文化核心竞争力建设中发挥积极作用。和式太极拳的发展成就也表明，优秀人才与优良家风的培育不仅需要家族的努力，更需要家族世代的传承与社会整体的倡导；其世代传承及当代创新不仅对于有着长期家风传统的武术文化发展价值重大，同时也与当代社会主义核心价值观的培育息息相关。

2016 年 05 月，由天津社会科学院哲学所、上海社会科学院哲学所与江苏省社会科学院君子文化研究中心共同主办的“君子与家风文化”论坛在天津召开，与会学者郑重指出：“君子养成与家风传习都是中华民族伟大复兴的关键，其中人文君子观是中华传统价值观的核心与灵魂，是家风教育内在稳定性与总体规约性的学理支撑，应及时阐明并大力弘扬人文君子观，内在对接并引领培育当代好家风。”①可以预见，包括优良家风在内的和式太极拳与中华太极拳学，必将在当代中华民族文化的伟大复兴事业中发挥出新的贡献，展现出新的英姿！

（本章由和慧超撰写）

①王蒙．寄希望于文化［N］．光明日报，2013-08-19（05）．

第七章　和式太极拳传统72式动作详解

和式太极拳拳法套路主要由72式传统套路、拳帽、精要十八式、简化十三式以及段位制套路等组成。其中72式为传统套路，在传承过程中通过招式细化又被称为108式。本章即以动作说明+图片的形式详解72式传统套路的练法，对和式太极拳拳法套路进行概要展示。

第一节　动作图解说明

（1）为了方便读者模仿练习，演练图片设定为面南方向。

（2）图中左手、左脚的动作路线以虚线标示，右手右脚的动作路线以实线标示，并附有文字详解。

（3）和式太极拳套路练习以“圆”为主，招式之间以圆相连，环环相扣，每次转身必以脚跟为轴旋转。所划之圆不凸不凹，简洁流畅，顺遂自然。

（4）和式太极拳技法尚劲不尚力，又称“耍拳”。运用时手领身随脚催，并有歌诀说明每一式动作的理法和用法。

（5）重复动作只用图片展示，不再用文字重复详解。

第二节 和式太极拳基本技术及其要领

一、手型

（一）掌

五指伸直，虎口自然张开，掌心有鼓起之意。练习时，要求手腕伸直，即前臂和手背保持在一条线上。

掌可分为：

1. 直掌

泛指手腕伸直的姿势。（图 7–1、图 7–1 附图）

图 7–1

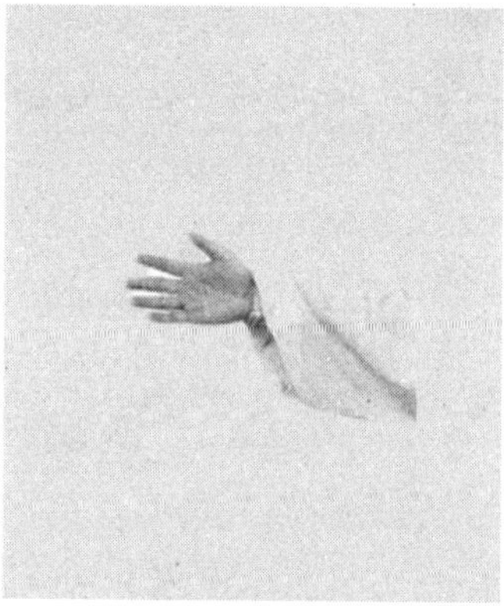

图 7–1 附图

2. 侧立掌

又称阴阳掌，即直掌时掌心斜向前，掌外缘偏向下，指尖略朝上。（图 7–2、图 7–2 附图）

图 7-2

图 7-2 附图

（二）拳

俗称捶。四指并拢卷曲，指尖贴于掌心，大拇指第一指节扣住中指中节姿势。拳可分为平拳和立拳。

1. 平拳

拳心向下。（图 7-3、图 7-3 附图）

图 7-3

图 7-3 附图

2. 立拳

拳眼向上。(图 7-4、图 7-4 附图)

图 7-4

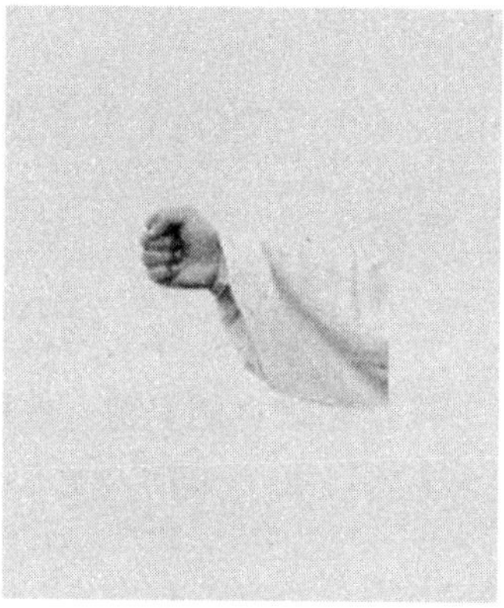

图 7-4 附图

(三)勾

五指指尖捏拢，手腕自然放松。(图 7-5、图 7-5 附图)

图 7-5

图 7-5 附图

二、步型

（一）平行步

两脚自然开立、平行站立的姿势。（图 7-6）

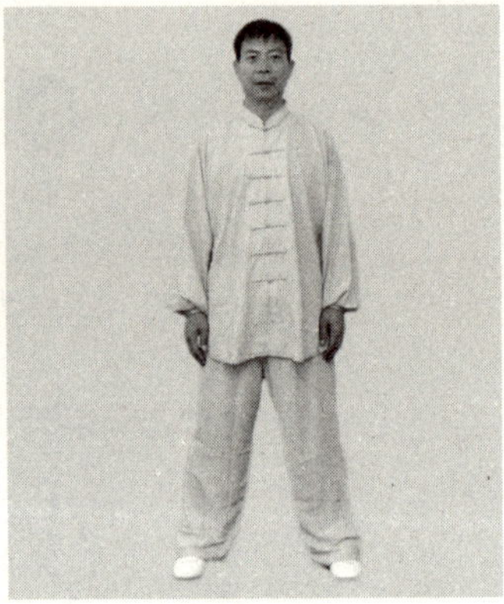

图 7-6

（二）弓步

俗称弓箭步。一腿屈膝前弓，小腿与地面垂直，另一腿自然蹬直的姿势。左腿弯曲为左弓步，反之为右弓步。（图 7-7）

（三）仆步

一腿屈膝全蹲，臀部下坐，另一腿伸直平仆于地面。左腿伸出为左仆步，反之为右仆步。（图 7-8）

图 7-7

图 7-8

（四）虚步

俗称丁八步。一腿承担体重，另一腿脚尖点地或者前脚掌虚点地面。左脚点地称左虚步，反之为右虚步。（图 7-9、图 7-9 附图）

图 7-9

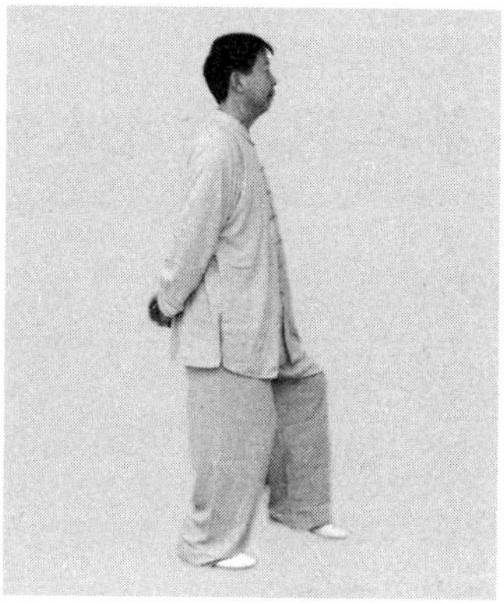

图 7-9 附图

（五）独立步

一腿直立，另一腿屈膝上抬。左腿直立为左独立步，反之为右独立步。（图 7-10）

（六）马步

两脚自然开立，两腿弯曲，躯干直立，重心在腿中间。（图 7-11）

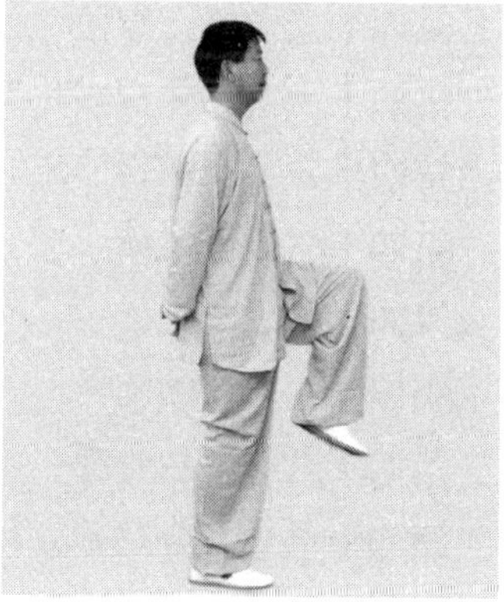

图 7-10

图 7-11

第三节　和式太极拳传统72式动作名称

起势
第一式　金刚三大对
第二式　懒扎衣
第三式　如封似闭
第四式　单鞭
第五式　领落上金刚
第六式　白鹤亮翅
第七式　斜行
第八式　琵琶势
第九式　跃步斜行
第十式　转身琵琶势
第十一式　搂膝跃步
第十二式　伏虎
第十三式　指裆捶
第十四式　肘底看捶
第十五式　倒撵猴
第十六式　白鹤亮翅
第十七式　斜行
第十八式　海底针
第十九式　闪通背
第二十式　如封似闭
第二十一式　单鞭
第二十二式　云手
第二十三式　高探马
第二十四式　左右拍脚
第二十五式　旋脚蹬跟
第二十六式　二步三捶
第二十七式　青龙探海
第二十八式　二起脚
第二十九式　分马掌抱膝
第三十式　喜鹊蹬枝
第三十一式　鹞子翻身
第三十二式　左右裹膝
第三十三式　掩手捶
第三十四式　抱头推山
第三十五式　如封似闭
第三十六式　单鞭
第三十七式　前后招
第三十八式　勒马势
第三十九式　野马分鬃
第四十式　玉女穿梭
第四十一式　转身懒扎衣
第四十二式　如封似闭
第四十三式　单鞭
第四十四式　云手
第四十五式　跌岔
第四十六式　扫堂腿
第四十七式　金鸡独立
第四十八式　双震脚
第四十九式　倒撵猴
第五十式　白鹤亮翅
第五十一式　斜行

第五十二式　海底针
第五十三式　闪通背
第五十四式　如封似闭
第五十五式　单鞭
第五十六式　云手
第五十七式　高探马
第五十八式　单摆脚
第五十九式　吊打指裆捶
第六十式　领落上金刚
第六十一式　懒扎衣
第六十二式　右扎七星
第六十三式　回头看画
第六十四式　黄龙搅水
第六十五式　如封似闭
第六十六式　单鞭
第六十七式　左扎七星
第六十八式　进步十字手
第六十九式　退步跨虎
第七十式　双摆脚
第七十一式　搬弓射虎
第七十二式　金刚三大对
收势

第四节　和式太极拳传统72式动作图解

起势

1. 两腿齐步自然站立，两手自然下垂，胸微含；头颈正直，下颌微收，头顶百会穴微微上领，舌顶上腭，目光平视；面向南。(图7–12)

2. 左脚向左跨半步，两脚与肩同宽，屈膝松胯；同时，两手随屈膝在腹前成抱球状；目视前方。(图7–13、图7–14)

3. 两腿伸直；同时两手心相对，从身体两侧成抱球状领起至额头上方。(图7–15、图7–16)

4. 两掌沿身体中线自然下落于腹前，屈膝松胯。(图7–17)

【要领】

1. 起势是和式太极拳套路中一个非常重要的动作，要做到无思、无意、无形、无相、无我、无它，胸中混混沌沌。

2. 和式太极拳不强调身体重心保持在一个平面上，却要求身体重心上领下落。每一个动作都要有开合、领落、吸呼、提吊。

【歌诀】

起势中正周身松，脚与肩宽距均衡；
纳吐自然元气增，延年益寿太极功；
静中触动阴阳现，立如秤准顶头悬；
身轴微转四象动，前后左右敌栽空。

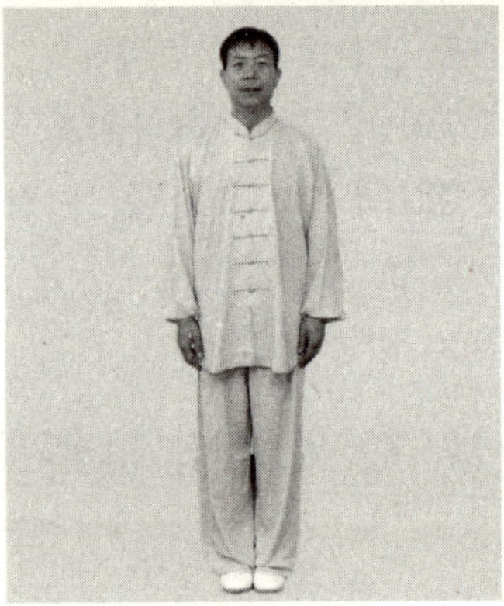

图 7-12

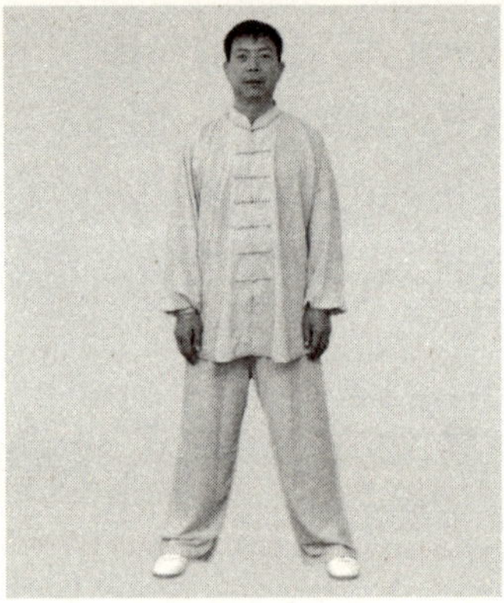

图 7-13

图 7-14

图 7-15

图 7-16

图 7-17

第一式　金刚三大对

1. 松右胯，身体右转，重心移至右腿，左脚向左前方上步，重心前移成左弓步；同时，两手随左脚上步向前掤出，掌心相合，两肘关节自然下垂。(图 7-18)

2. 身体右转，重心移至右腿；两手向右划圆，右手落于右腿上方，左手落于左腿内侧。(图 7-19)

图 7-18

图 7-19

3. 松左胯，重心左移成左弓步；左手前领，右手顺势下落于身体右侧；

目视左手前方。（图 7-20）

图 7-20

4. 重心移至左腿，左手顺势在体前中线划立圆下落于腹前，掌心向上；右脚提膝上步，右手随上步在体前划立圆，并随右脚落地变拳收于左手掌心，拳眼向上，两腿微屈；面向南。（图 7-21、图 7-22）

图 7-21

图 7-22

【说明】

金刚三大对为和式太极拳最重要的一个动作。运动过程中始终手领身随，脚催身动，上下相随。要做到手、肘、肩与脚、膝、胯外三合。

【歌诀】

金刚阴阳圆中变，十三式法神妙现；
上下四肢合身法，背丝缠丝走螺旋；
接引化发顺中求，圆活紧凑阴阳就；
错综奇偶柔裹刚，周身内外中气畅。

第二式　懒扎衣

1. 右拳变掌，两手随身体上领从左侧向上、向右划圆；重心移至右腿，左脚收于右脚内侧成左虚步。(图 7-23、图 7-24)

2. 左脚向左侧开步，右脚收于左脚内侧成右虚步；两手向下、向左侧挤按，指尖向下。(图 7-25)

3. 右脚向右侧开步成右弓步；同时，右掌向上、向右划圆落于右腿上方，左掌顺势卡腰，虎口向下，大拇指按于髋骨前沿，肘尖稍内扣；目视前方。(图 7-26)

【说明】

立腰松胯，手起身领，身落手落，手到脚到。

【歌诀】

懒扎衣势臂滚旋，分筋错骨阴阳变；
劲出浑圆手脚到，顺身顺腿根基要；
八面支撑神意行，活胯松腰意气灵；
千变万化由我运，八卦五行寻克生。

图 7-23

图 7-24

图 7-25

图 7-26

第三式 如封似闭

1. 左脚尖内扣，身体右转，右脚撤步成右虚步；同时，右手下落与左手在右膝上方成抱球状。(图 7-27)

2. 右脚向前上步，左脚跟步成左虚步；同时，两手向两侧分开，随上步向上、向前侧方按出；面向西南。(图 7-28)

3. 重心后移成右虚步，两臂滚旋下落于腹前；两手上领，向上、向右划圆。(图 7-29、图 7-30)

【说明】

动作 1、动作 2 又称开合，整个动作开则俱开，合则俱合，手脚相随。

【歌诀】

如封似闭环中松，吃啥还啥退为攻；
一开一合妙无穷，阴阳二气随机生；
开则俱开劲落空，合则正隅因势攻；
识得太极开合妙，神意一动虚灵中。

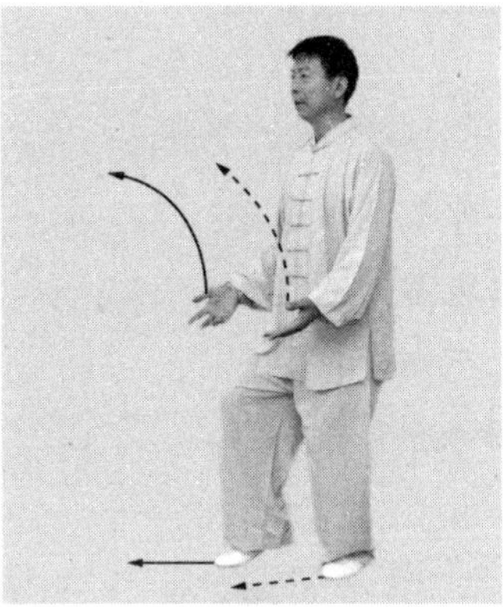

图 7-27

图 7-28

图 7-29

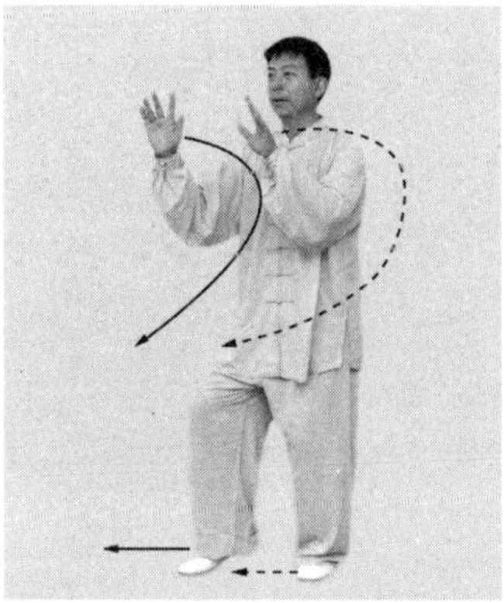

图 7-30

第四式　单鞭

1. 右脚向右侧开步，左脚跟步成左虚步；同时，两手随上步在右胯前向右按出；目视手按出方向。（图 7-31）

2. 左脚向左侧开步成左弓步；左手随开步向上、向左划弧成侧立掌，右手顺势变勾手上抬，指尖向下；面向正南。（图 7-32）

【说明】

正腰松胯，虚领顶劲。两手臂将展似展，似屈非屈。

【歌诀】

单鞭一势最为雄，一字长蛇横西东；
击首尾动精神贯，击尾首动脉络通；
当中一击首尾动，上下四傍扣如弓；
若问此中真消息，须寻脊背骨节中。

图 7-31

图 7-32

第五式　领落上金刚

1. 重心左移成左弓步，右勾手变掌顺势向下划弧至腹前。随后重心移至右腿，右手向上、向右划圆至身体右侧，同时左手屈臂向内划圆至腹前。（图 7-33、图 7-34）

2. 左脚外展，身体左转，左手前领，右手顺势下落于右腿前侧。（图 7-35）

3. 身体左转向东，右腿提膝上步，左掌在体前中线划立圆下落于腹前，掌心向上；右手随提膝在体前划立圆，变拳下落，收于左手掌心，拳眼向上；两腿微屈。（图 7-36、图 7-37）

【说明】

以腰为轴，手随身动，手领脚起，脚落手落。

【歌诀】

两仪领落上金刚，左右遇袭心莫慌；
右崩左按击敌出，正隅一变柔裹刚；
上下内外贯一气，气源丹田上下递；
周身浑圆劲力畅，十三式法势中藏。

图 7-33

图 7-34

图 7-35

图 7-36

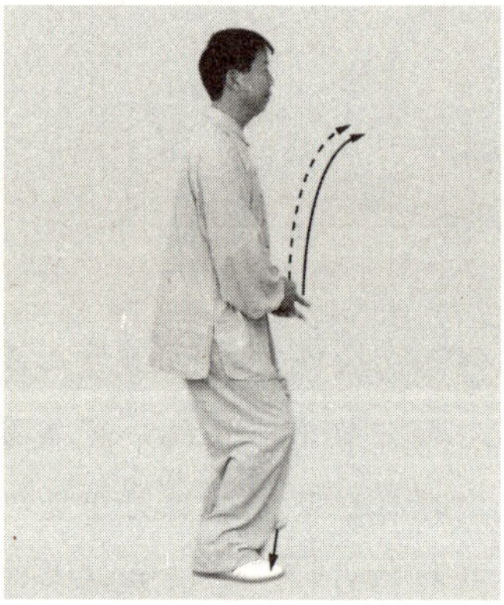

图 7-37

第六式　白鹤亮翅

1. 右拳变掌，两手随身体上领从左侧向上向右划圆。同时，重心移至右腿，左脚收于右脚内侧成左虚步。(图 7-38)

2. 左脚向左后侧开步，右脚收于左脚内侧成右虚步。两手顺势向下、向左划圆收于左胯前。(图 7-39、图 7-39 附图)

3. 身体上领右转，右脚向右前方上步，左脚跟步成左虚步。同时，两手顺势向上、向右划圆，两掌右高左低成侧立掌。面向东。(图 7-40)

【说明】

动作中切忌抬肘，进步跟，退步随。

【歌诀】

白鹤欲飞先亮翅，遇敌急进成捋势；
退时顾盼奇正变，身手欲动劲内换；
随势就势不丢顶，束翅侧上发丹田；
旋臂抡圆喻鹤翔，细研鹤舞益延年。

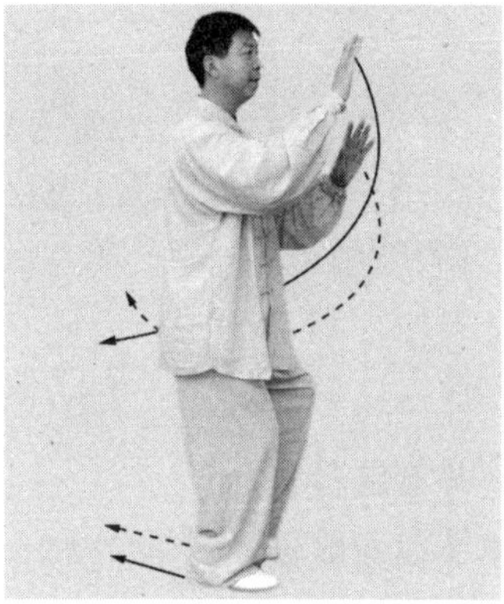

图 7-38

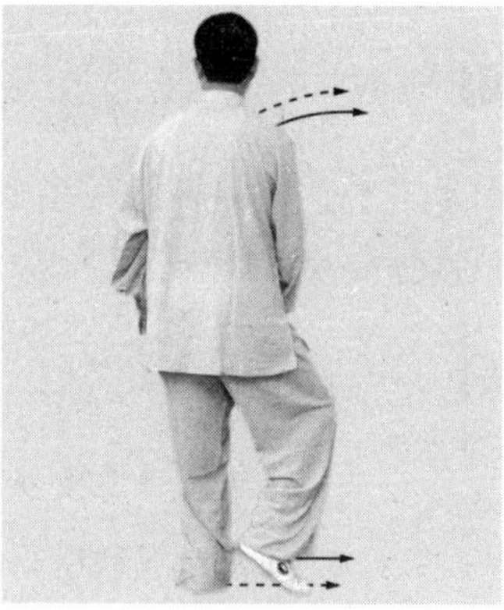

图 7-39

图 7-39 附图

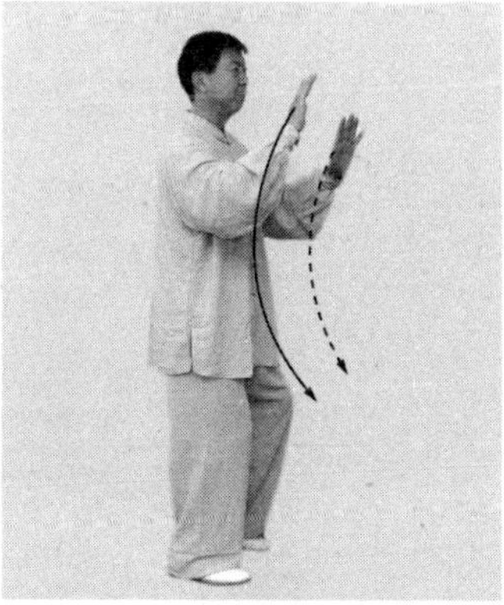

图 7-40

第七式　斜行

1. 重心移至左腿成右虚步；同时，两手下落，左手腕搭右手腕上，两手交叉成十字状。(图 7-41)

2. 身体上领右转，右腿顺势提膝外展落地；同时，两掌缠腕下落于右脚上方。(图 7-42)

3. 左脚向左前方上步成左弓步；两手下分上合，左掌变勾手下落绕膝收于背后腰间，指尖向上，右手向前按出；目视右手方向，面向东。（图 7-43、图 7-44)

【说明】

此式由十字手、搂膝、斜行组成。十字手又名金丝缠腕；斜行身不斜，腰脊中正；搂膝要身体旋转。

【歌诀】

斜行换步身要正，随势套腿横旋行；
内裹外缠敌难脱，因势侧分腿虚灵；
屈蓄松转螺旋劲，奇正虚实理要明；
三门肘靠含其中，左勾右击刚柔用。

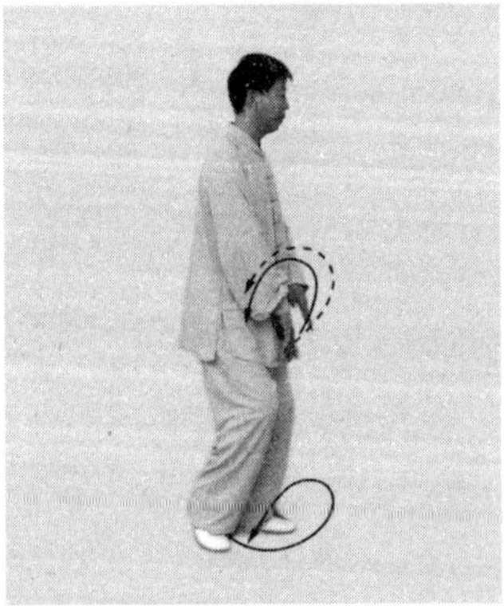

图 7-41

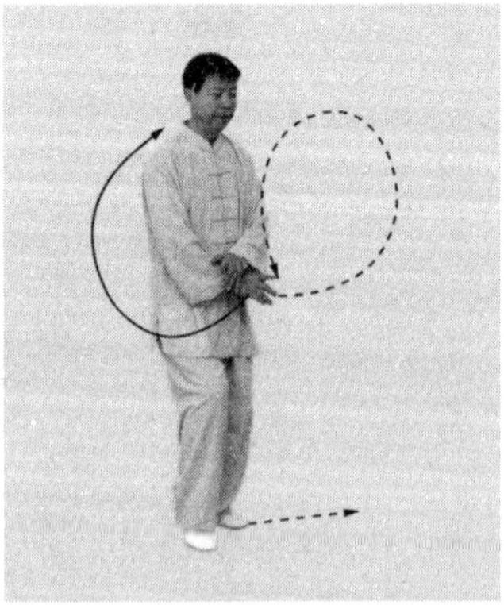

图 7-42

图 7-43

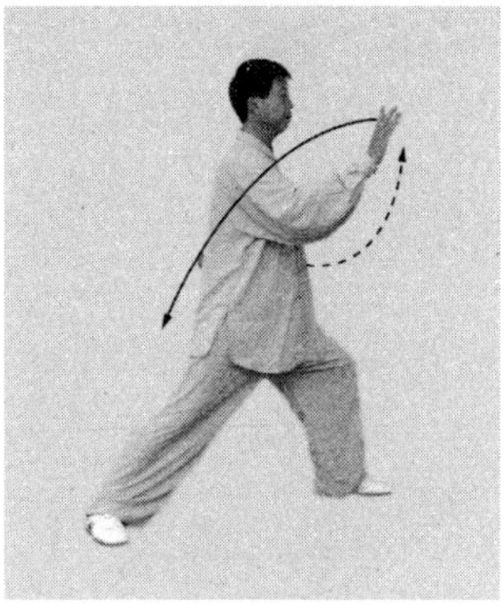

图 7-44

第八式　琵琶势

1. 松右胯，身体右转；右手顺势向右、向下划圆落于右膝上，左勾手变掌顺势上提。(图 7-45)

2. 重心移至左腿，右脚跟步成右虚步；同时，两手随右脚跟步向左侧按，两手相合。(图 7-46)

3. 右脚向后撤步，左脚退步成左虚步；同时，两掌在体前如抱球状划圆，右手掌心向上收于右胯前，左手变勾手落于左膝上，勾尖向前。面向东。(图 7-47)

图 7-45

【说明】

琵琶势又名手挥琵琶，左右上下配合一致，竖脊松胯。

【歌诀】

手挥琵琶韵律妙，左右化击用势巧；
阴阳翻转五行变，上下相随生克现；
虚实分明步法活，八门劲法敌难脱；
不丢不顶妙中玄，腰脊正直中轴旋。

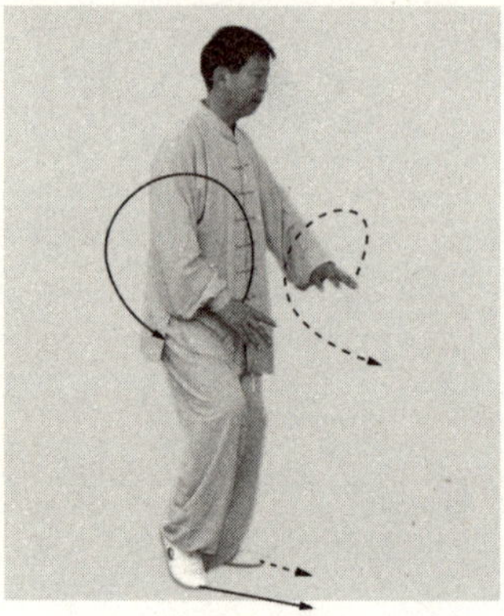

图 7-46

图 7-47

第九式　跃步斜行

1. 左脚向左前上步成左弓步；同时，左勾手以肘关节为轴向上向前划圆，右掌向前切出成侧立掌。（图 7-48）

图 7-48

2. 重心移至右腿，左勾手变掌，两掌向后、向下划弧；重心左移，右脚跟步成右虚步，两手向左侧按出。（图 7-49、图 7-50）

3. 以下同第七式斜行。（图 7-51～图 7-54）

【说明】

右脚抬起跟步时左脚可跃起，两脚腾空，故称跃步斜行。侧身进步时要注意上下左右相合。

【歌诀】

跃步斜行搂膝功，中轴一转靠势凶；
十字翻滚有奇能，腿起足落断其根；
上下相随击三节，回旋枢轴涵乾坤；
肘手藏锋借势变，一气统领顶头悬。

图 7-49

图 7-50

图 7-51

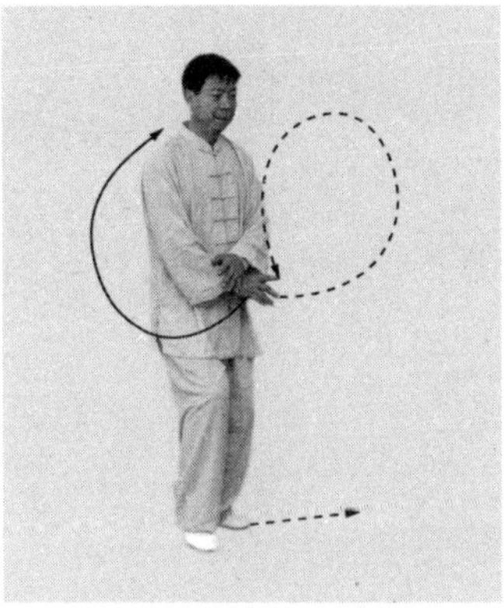

图 7-52

图 7-53

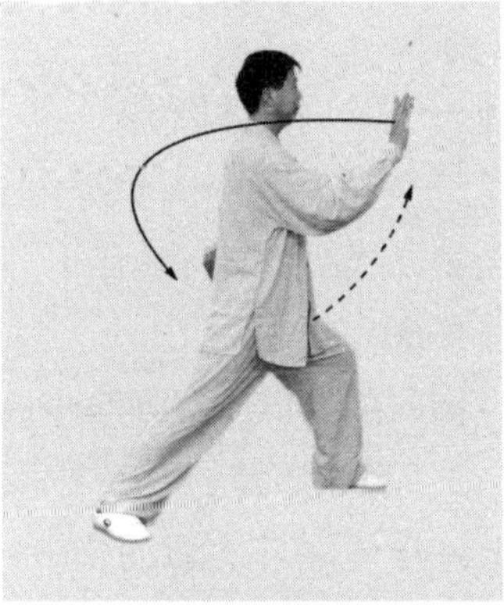

图 7-54

第十式　转身琵琶势

图 7–55

同第八式琵琶势动作 1~3，唯动作 3，右脚撤步时，身体向右旋转 90°，面向南。（图 7–55~图 7–57）

【说明】

转身时步随身换，协调一致。

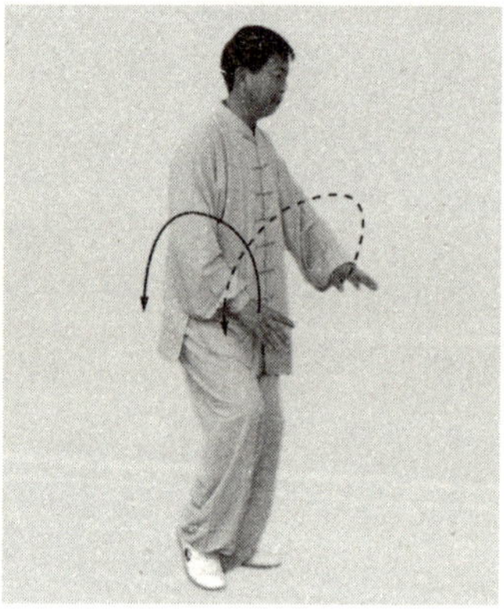

图 7–56

图 7–57

第十一式　搂膝跃步

图 7–58

1. 与第九式跃步斜行动作 1、2 相同。（图 7–58~图 7–60）

2. 左脚向前上步，右脚跟步成平行步；两手下分上合下落于腹前，右手变拳落于左掌心，拳眼向上；身体左转，面向南。（图 7–61、图 7–62）

【说明】

搂膝跃步由左搂膝、上步十字手、右搂膝、上金刚组成。运行中注意上下配合，脚到手到。

图 7-59

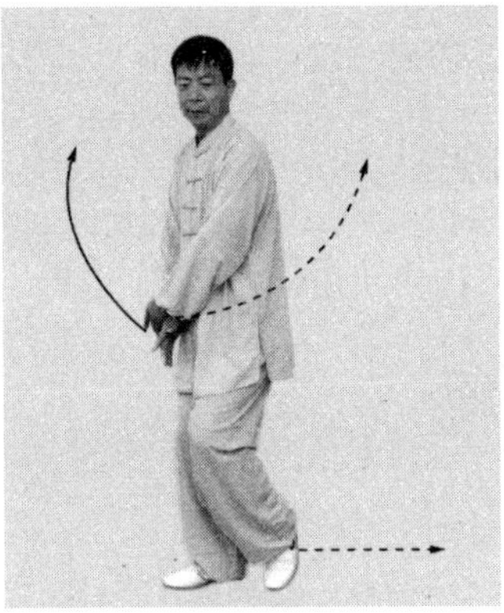

图 7-60

图 7-61

图 7-62

第十二式　伏虎

1. 左脚向左后撤步成右弓步；同时，右拳变掌，左掌心紧贴右手背，以肘关节为轴由外向内划圆，高与咽喉平齐。（图 7-63）

2. 右脚跟步；两掌向内下落至腹前，两腿下蹲。（图 7-64）

3. 两掌由膝前绕至身体两侧变拳，拳心向后。然后，身体上领，两腿伸直，两肘关节向后、向上发力。（图 7-65、图 7-66）

4. 松右胯，右脚向右侧开步成右弓步；同时，右拳在体侧划圆后向右击出。左拳在左侧划圆后顺势收于左肋下，拳心向外，肘尖内扣，左肘尖、左脚尖与右拳成一线。面向南。（图 7-67、图 7-68）

【说明】

此式由束手解带、伏虎组成。上下相随，脚到拳到。

【歌诀】

伏虎降龙一气成，何惧身后敌顽凶；
背后敌抱神镇定，臂领气沉十字封；
长身脊背有奇功，阴阳虚实腰胯松；
上下和谐立圆动，左右旋闪肘捶攻。

图 7-63

图 7-64

图 7-65

图 7-66

图 7-67

图 7-68

第十三式　指裆捶

1. 两拳变掌；身体右转 90°，右脚收回左脚内侧，同时两掌上下交叉绕环收于腹前；面向西。（图 7-69）

2. 右脚向前上步，左脚跟步，两腿屈膝下蹲，左脚前脚掌着地；同时，两掌变拳向前下方击出；面向西南。（图 7-70）

【说明】

此式由擒拿、指裆捶组成。擒拿、缠绕、进步一气呵成。

【歌诀】

指裆捶势手法稀，分筋错骨示神奇；
搭手翻转阴阳变，破解擒拿非等闲；
步进身到劲要整，拳肘滚旋连珠成；
旋胯轴转靠劲崩，步活身正破敌门。

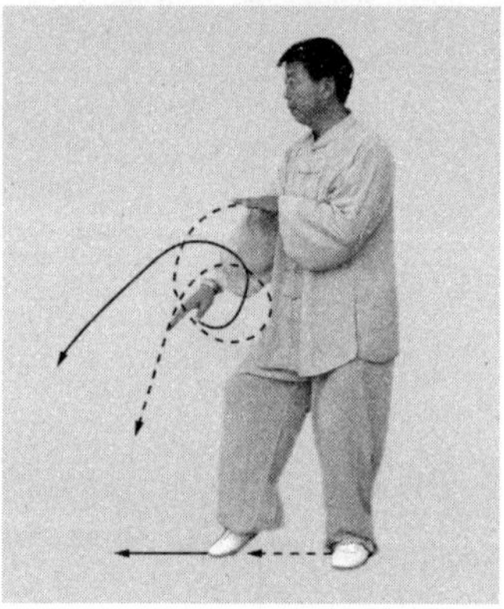

图 7-69

图 7-70

第十四式　肘底看捶

图 7-71

1. 身体领起，两臂自然伸直；目视前方，面向西。（图 7-71）

2. 身体左转 180°，右脚以脚跟为轴内扣；左臂竖直向左格挡，右拳随转体向左横击，收于右肘关节下，拳眼向上；面向东。（图 7-72）

3. 松右胯，重心移至右腿，左脚跟提起内摆成左虚步；左拳、左肘、右拳、左膝上下成一线。（图 7-73）

【说明】

转体时右脚以脚跟为轴，腰脊中正，以腰带拳。

【歌诀】

肘底藏拳护中锋，迎面捶来敌扑空；
灵动寓变阴阳理，上下相合浑圆功；
敌进胯旋右捶击，正隅变转太极理；
莫道一捶一肘用，浑圆紧凑显内功。

图 7-72

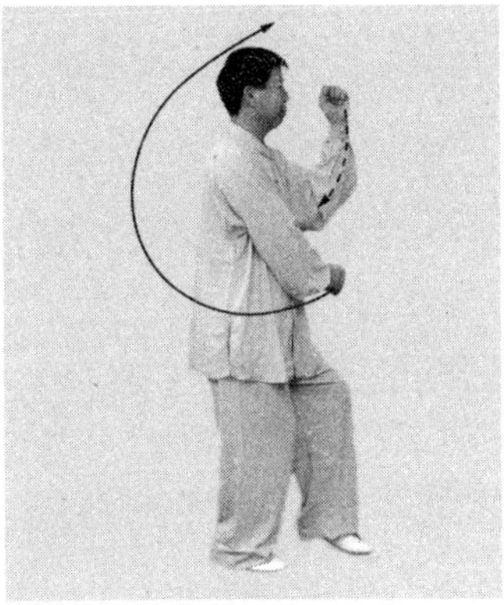
图 7-73

第十五式 倒撵猴

1. 身体上领，重心移至左腿，右脚向后撤步成左弓步；同时，右拳变掌由后向前下落于左脚尖上，指尖斜向前下方，左拳变掌向下落于身体左侧。(图 7-74、图 7-75)

2. 重心后移，左脚收于右脚内侧，左掌向后向上画圆；左脚向左侧后方退步成右弓步，左手侧立掌向右脚尖落下，指尖斜向前下方，右手顺势落于身体右侧。(图 7-76)

3. 重复 2，左右相反。

【说明】

身体左右往复循环，左、右手落于对侧脚尖上方。

【歌诀】

防攻攻防倒撵猴，退中有进退也攻；
太极妙在阴阳济，经脉气血自顺通；
上下相合两仪动，左右立圆顾盼中；
沉肩坠肘松腰胯，精气内动法归宗。

图 7-74

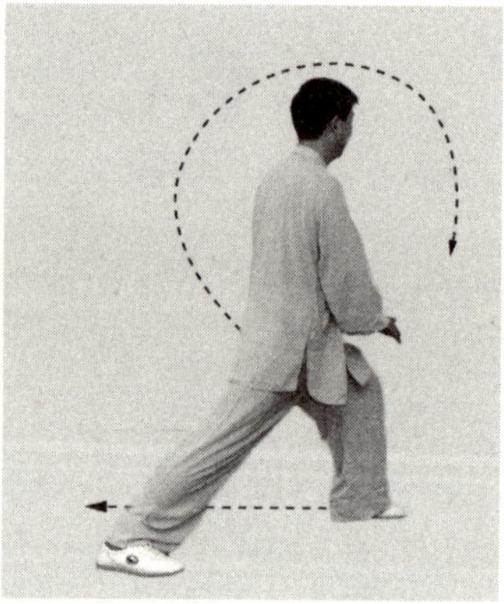

图 7-75

图 7-76

第十六式　白鹤亮翅

1. 松左胯，重心向后移至左腿，右脚跟步收于左脚内侧成右虚步；同时，两手随身体左转向左上方掤出。(图 7–77、图 7–77 附图)

2. 身体右转，右脚向右前方上步，左脚跟步成左虚步；两手随上步向右前方划弧，两掌右高左低成侧立掌；面向东。(图 7–78)

【说明】

要领与歌诀同第六式。

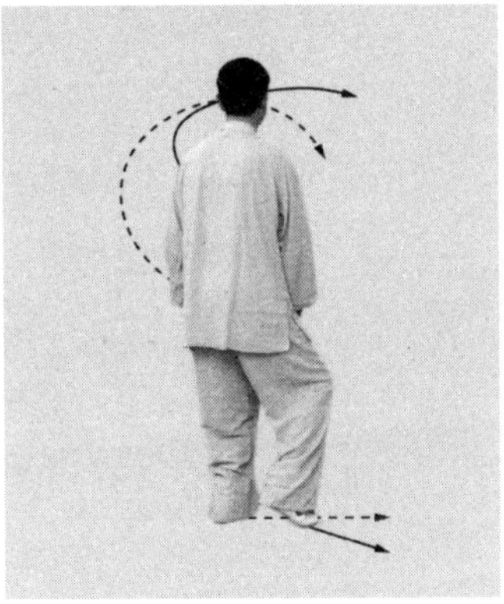

图 7–77

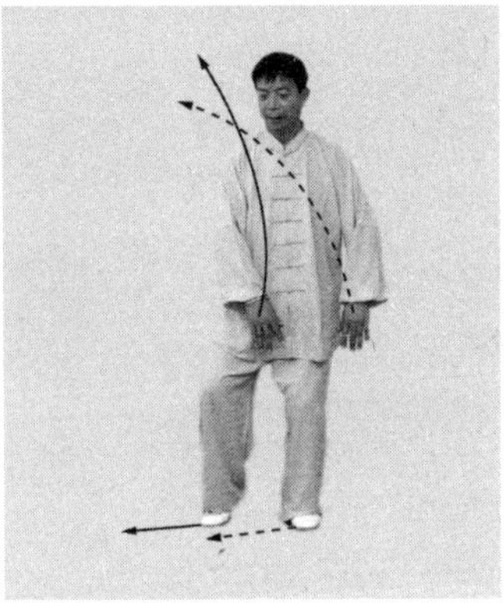

图 7–77 附图

图 7–78

第十七式　斜行

同第七式。（图 7-79~图 7-82）

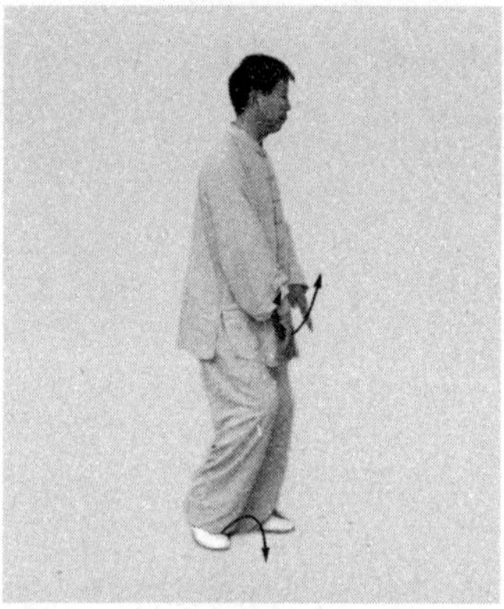

图 7-79

图 7-80

图 7-81

图 7-82

第十八式　海底针

1. 松右胯，身体右转，右手顺势向右、向下划弧落于右膝上，重心移至左腿，右脚跟步成右虚步；同时，右手随右脚跟步向左侧下按，两手相合。

（图 7-83、图 7-84）

2. 右脚向右前方上步，左脚跟步成左虚步；同时，右臂内旋随上步向右前方靠出，指尖向下，左手顺势落于腹前。（图 7-85、图 7-85 附图）

3. 两腿屈膝下蹲；同时，右掌以肘关节为轴向上、向前下劈，左手变勾手向后上划弧；面向东。（图 7-86）

图 7-83

【说明】

此式以勾尖点击对方海底穴而名，突出右肩靠击。

【歌诀】

海底探针左手撮，旋胯身转上下合；
反掌肘靠击敌用，开合有致一气领；
右臂上翻左掌下，力劈华山迎面打；
手护身进步轻灵，浑圆一体自动劲。

图 7-84

图 7-85

图 7-85 附图

图 7-86

第十九式　闪通背

1. 身体上领，左脚向左前方上步成左弓步；同时，右手内旋上架，左勾手变掌随左脚上步上托；面向东南。（图 7-87）

2. 左脚尖内扣，右脚向右向后撤步成右弓步；同时，两掌向下、向右划弧；面向西北。（图 7-88、图 7-88 附图）

3. 左脚尖外摆，右脚向左前方上步，左脚跟步成左虚步；同时，两掌随上步向上向左划弧落于身体右侧；面向南。（图 7-89）

【说明】

闪通背以象形会意而得名。动作中步随身换，连贯一气。

【歌诀】

闪通背法捌劲行，五行生克随势迎；
往返挪步走轻灵，接手闪捌背法惊；
步随身换须留意，形神内外融一体；
气沉裆圆转周天，百脉畅通体松轻。

图 7-87

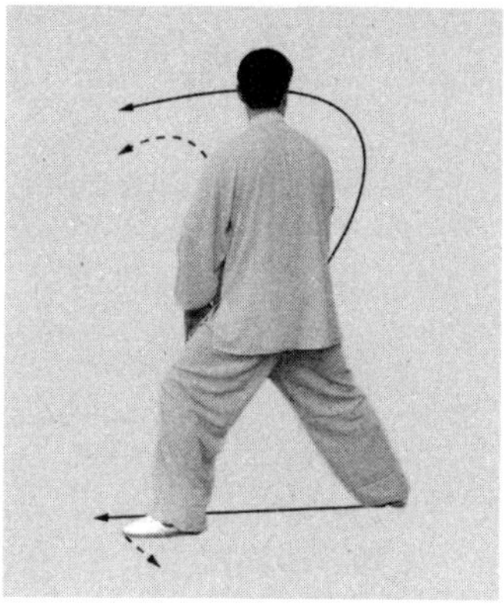

图 7-88

图 7-88 附图

图 7-89

第二十式　如封似闭

同第三式。（图 7-90、图 7-91）

图 7-90

图 7-91

第二十一式　单鞭

同第四式。(图 7-92、图 7-93)

图 7-92

图 7-93

第二十二式　云手

1. 松左胯，重心移至左腿成左弓步；同时，右勾手变掌向下向左划弧至小腹前，左手上领。(图 7-94)

2. 重心移至右腿成右弓步，右手向上向右划圆，同时左手向下向右划弧至腹前；面向南。(图 7-95)

3. 重复 1、2 两次。

【说明】

两手在体前交叉划圆时，两前臂不旋转。

【歌诀】

云手轻柔如行云，两臂划圆护喉阴；
立如钟坐须平稳，复而又返要均匀；
腰脊随动虚实变，两手接应顾盼间；
圆活灵捷顶虚领，随势进退用奇兵。

图 7-94

图 7-95

第二十三式　高探马

1. 左脚收回右脚内侧，随即向左前方上步成左弓步；同时，左手随上步向上经胸前向右前划圆与左肩同高，右手向后、向下落于右胯前。(图 7-96、图 7-97)

2. 重心后移，左脚撤步成右独立步；同时，左手内旋向左下划圆，右手

向右前方划圆，掌心相对如抱球状；面向南。（图 7–98）

【说明】

高探马以象形取名，如左手扶鞍，似探身上马之形。动作变换手到脚到，上下一致。

【歌诀】

高探马势上下翻，往复折叠捌劲旋；
进步迫进生克现，顺劲瞬间变中变；
换步五行八卦手，阴阳翻转颠倒颠；
千变中轴法无偏，不丢不顶妙中玄。

图 7–96

图 7–97

图 7–98

第二十四式　左右拍脚

1. 左脚外展，身体左转，右手内旋上翻与右手相合。左脚向左落步，右脚向左前上步，左脚跟步成左虚步；同时，两掌向下、向左划圆并随右脚上步变拳向右水平击出。(图 7-99～图 7-101)

2. 屈膝下蹲，两拳自然下落。身体领起，两拳随身体上领向左、向上划圆，重心移至左脚。两拳变掌，右掌、右脚在身体右侧单拍脚。(图 7-102～图 7-104、图 7-102 附图)

3. 身体右转，右脚外展落地，右掌收回与左掌相合，掌心向前。左脚向侧方上步，右脚跟步成右虚步；两掌变拳在体前划圆后向右侧击出；身体左转 180°。(图 7-105、图 7-106)

4. 与动作 2 相同，方向相反。(图 7-107～图 7-109)

【说明】

左右转身进步，拳与胸同高，故又称进步平心捶。左右转身时，身、手、脚协调配合。

【歌诀】

左右拍脚劲走圆，松胯气沉守月田；
催步急行平心拳，纵横齐攻意气绵；
根稳脚起意腾挪，上下正隅十方全；
前若来敌侧面迎，身似游龙走螺旋。

图 7-99

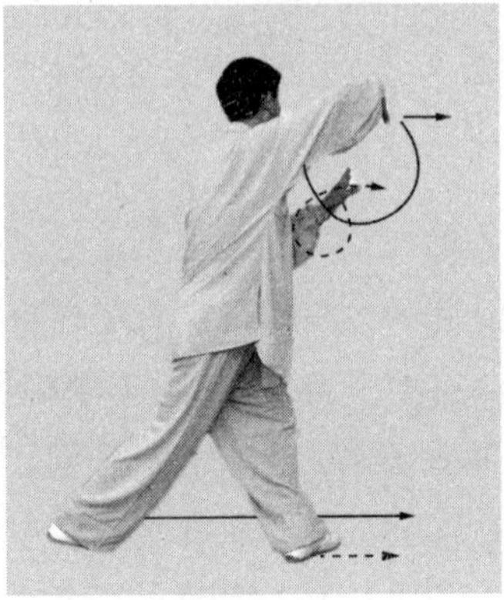
图 7-100

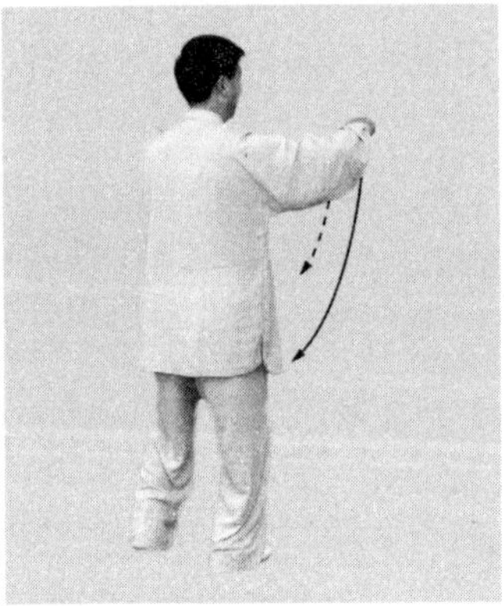
图 7-101

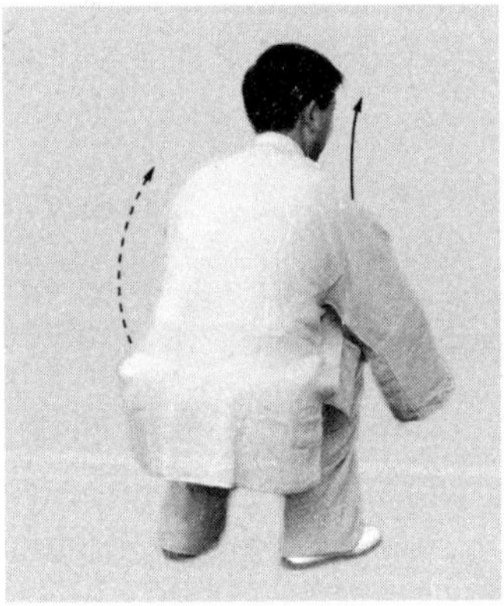
图 7-102

图 7-102 附图

图 7-103

图 7-104

图 7-105

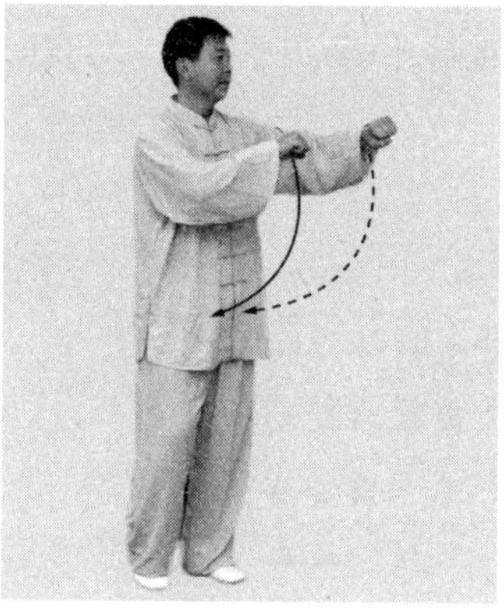

图 7-106

图 7-107

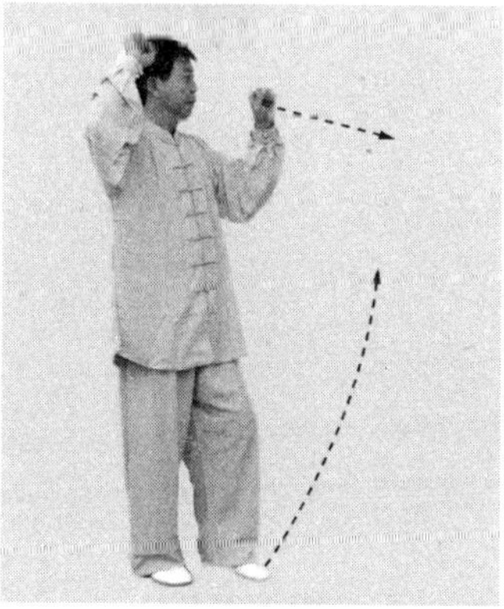

图 7-108

图 7-109

第二十五式　旋脚蹬跟

1. 左脚向身后下落，身体左转 180°；同时，两掌变拳收于腹前。身体上领，两拳下开上合由两侧合于面前，拳面相对；面向北。（图 7-110、图 7-111、图 7-111 附图）

2. 两腿微屈，两拳下落腹前，左腿提膝向左侧蹬出；同时，两拳向两侧崩出，拳高与肩平，拳心向下。（图 7-112）

【说明】

两拳内合又称双峰贯耳。转身蹬跟与两拳外崩一气呵成。转身时利用左脚下落的惯性配合转身。

【歌诀】

旋脚蹬跟顾身后，分臂走旋似甩袖；
双峰贯耳膝上冲，身正背圆单腿动；
引到身前双臂崩，手脚齐进敌翻腾；
蓄发开合奇正变，内丹一动劲路全。

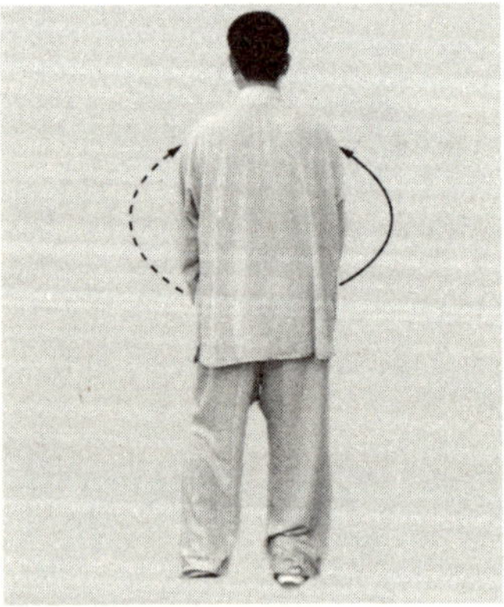

图 7-110

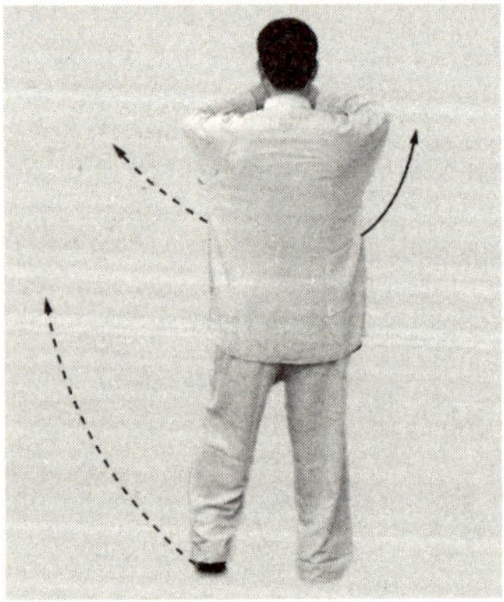

图 7-111

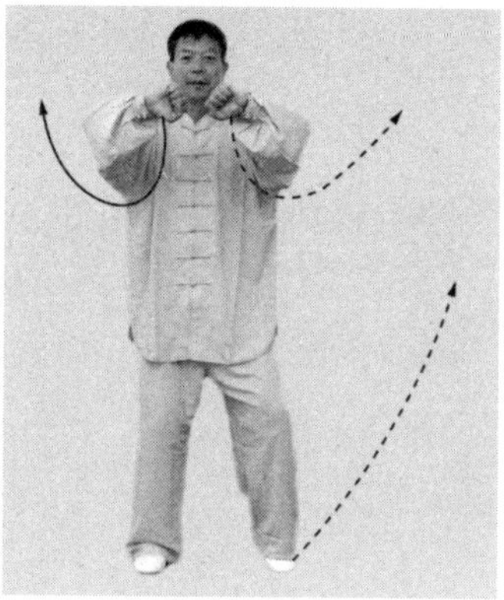

图 7-111 附图

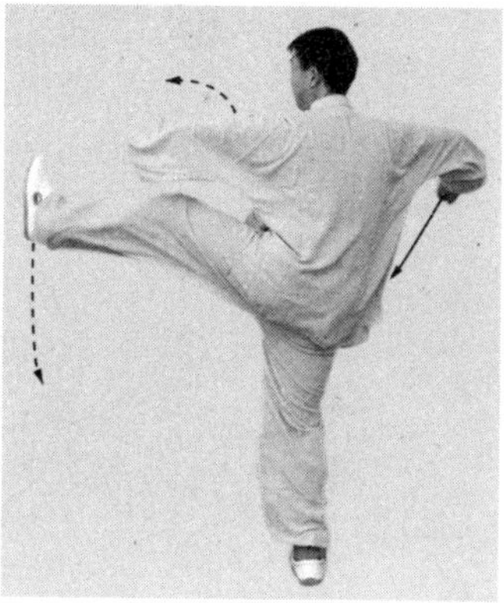

图 7-112

第二十六式　二步三捶

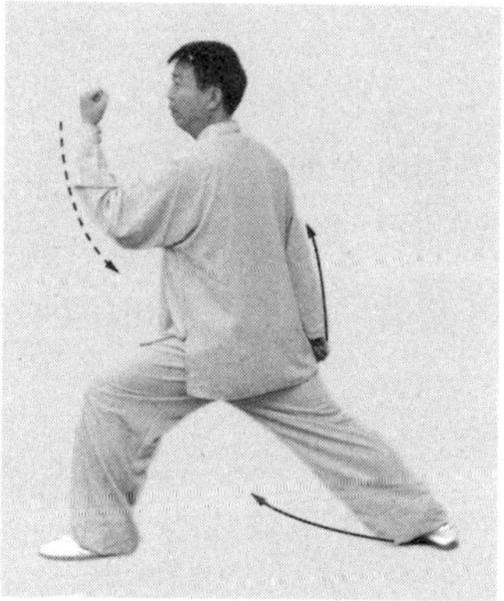

图 7-113

1. 左脚向左上步成左弓步；同时，左拳在体前由下向上屈臂外摆，右拳内旋下落右腹前；面向西北。（图 7-113）

2. 右腿提膝上步；右拳随提膝屈臂内旋，右肘关节与右膝关节相合，左拳向身体左侧顺势下落。（图 7-114）

3. 右脚落地震脚，左腿顺势提膝成右独立步；左拳由后向前摆拳，拳心向下，同时右拳下落至身体右侧。（图 7-115）

【说明】

动作中上下配合，协调一致。

【歌诀】

两步三捶上下倒，侧身换步故难晓；
内外搬拦化即打，下盘脚腿胯合好；
膀活胯松前后用，阴阳虚实理义要；
练拳似耍应记牢，轻柔顺遂自然找。

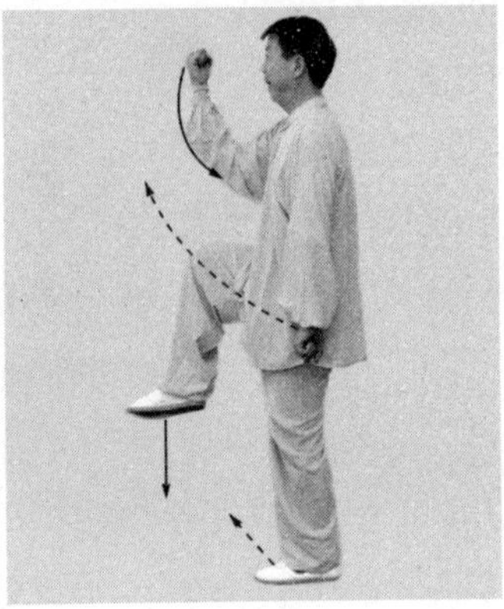

图 7-114

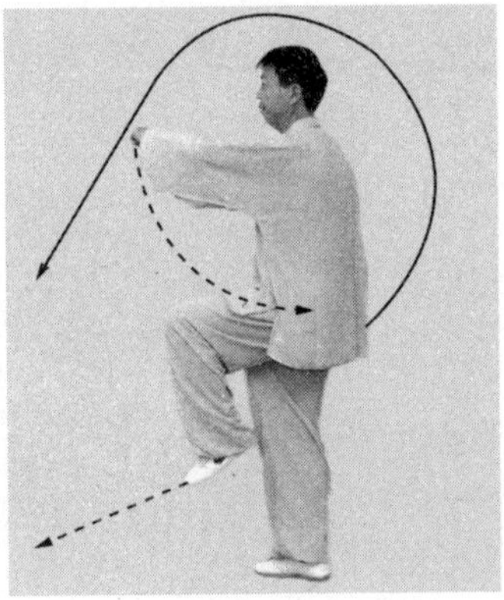

图 7-115

第二十七式 青龙探海

左脚向前上一大步成左弓步；右拳随身体下翕由下向后上前划立圆下砸，拳面向下，拳心向后，背与右腿成一斜面，左拳顺势向后收于后背；眼平视。（图 7-116）

图 7-116

【说明】

右拳下砸喻青龙探海。注意上步、俯身和砸拳协调一致，一气呵成。

【歌诀】

青龙探海顺敌劲，俯身下势项要领；
栽捶下打周身顺，彼力愈大空愈深；
右胯松沉身自转，黄龙滚背顾后边；
青龙黄龙动无形，机关巧要谁能明。

第二十八式　二起脚

1. 左脚内扣，右臂屈肘上抬，身体翻转 180°，右脚收回左脚内侧成右虚步；两拳变掌，掌心向下，并随右脚收回变拳收于胸前，拳眼相对；面向东。（图 7-117~图 7-119、图 7-117 附图）

2. 右脚向前上一小步蹬地起跳向上弹踢；同时，两拳变掌，右掌上举向下击拍右脚面，左掌顺势收于体侧。（图 7-120、图 7-121）

【说明】

此式由黄龙滚背、霸王敬酒和二起脚构成，一气呵成。

【歌诀】

左右连环二起脚，腾空拍击腿连发；
霸王敬酒不露形，丹田劲发拳要崩；
开合呼吸蓄发就，立圆自合任督行；
落地换步要轻灵，左脚再起身后应。

图 7-117

图 7-117 附图

图 7-118

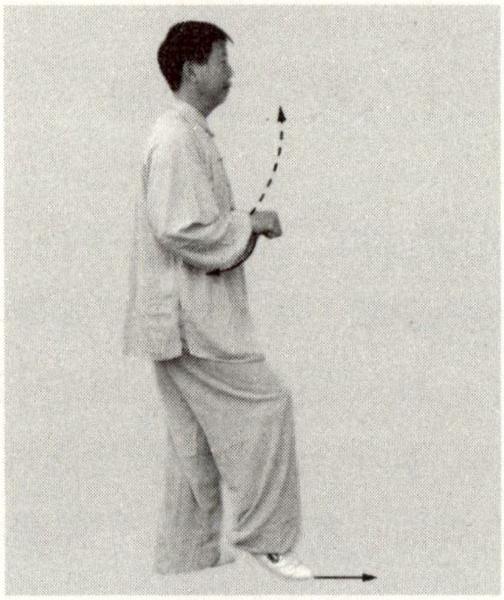

图 7-119

图 7-120

图 7-121

第二十九式　分马掌抱膝

1. 左脚落地后随即起跳，两脚在空中换步，右脚落地；两掌向身体两侧打开；面向东。（图 7-122、图 7-123）

2. 左脚向前上步成左弓步；同时，两掌随左脚上步向前穿出，手腕交叉，掌心向内；面向东。（图 7-124）

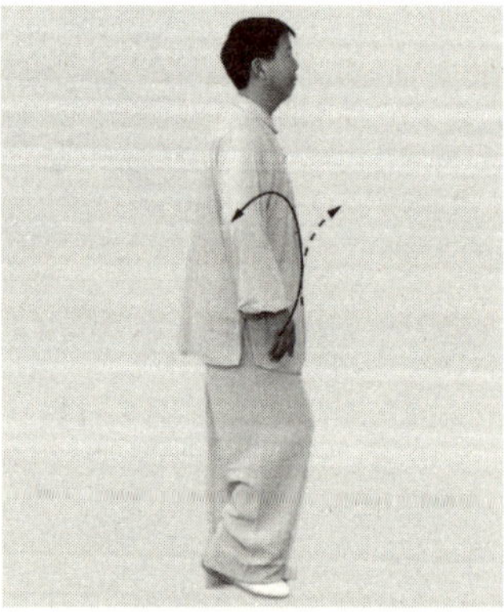

图 7-122

【说明】

进步分马掌手到步到，两掌滚旋侧分与抱膝上下相随。

【歌诀】

进步进身分马掌，双掌侧立交叉领；
沉肘外旋两边分，柔中寓刚拨人群；
内合托肘封敌进，好似抱膝顶腹阴；
千变万化使不尽，轻灵圆活顺势寻。

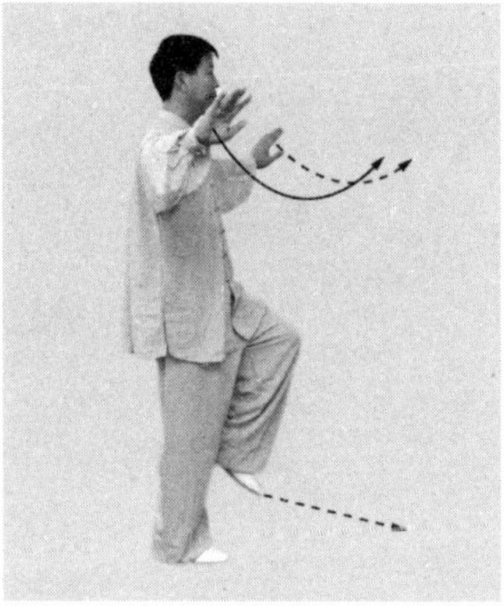

图 7-123

图 7-124

第三十式　喜鹊蹬枝

1. 左脚收回，脚尖落地成虚步；同时，两掌内旋外分由身体两侧收回腹前成抱膝状。左膝上提，两手合抱于胸前；面向东。（图 7-125、图 7-126）

2. 右腿稍屈，左脚向前蹬出；同时，左手随左脚前蹬向前推出，右手向上架于额头前。（图 7-127）

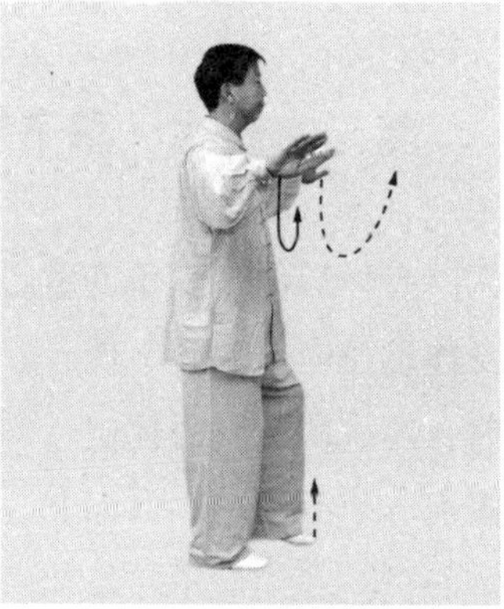

图 7-125

【说明】

此式取喜鹊枝头欲飞时，展翅蹬枝之形与意而名。

【歌诀】

喜鹊蹬枝劲蓄满，振翅欲飞意先腾；
蓄劲周身蜷得紧，展腿蹬击敌腹心；
双手托肘膝顶阴，解开其意心为本；
脊发根催劲要跟，气沉丹田身自稳。

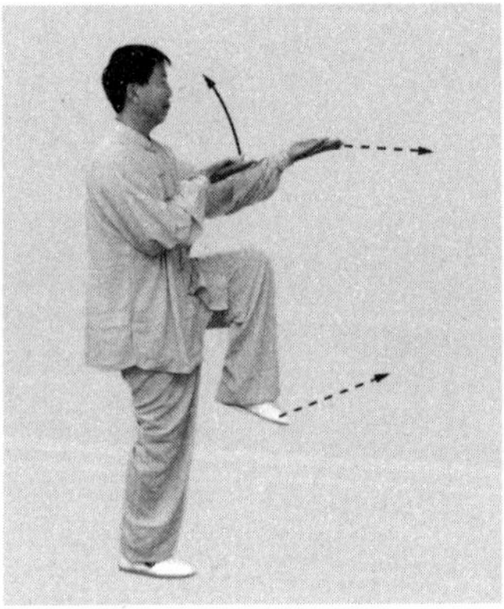

图 7-126

图 7-127

第三十一式　鹞子翻身

身体后仰，左手变掌心向上，两手相合；右脚尖随身体后仰外摆 270°，身体迅速向右旋转下俯，左脚随身体旋转后摆，落于右脚内侧成右虚步；同时，左手向上随身体旋转向右划圆向下按于左胯外侧，右手随身体右转落于腹前，掌心向内。面向北。（图 7-128、图 7-128 附图）

【说明】

鹞子翻身为败中取胜招式，整个动作周身配合，连贯顺畅。

【歌诀】

鹞子翻身势矫健，双掌接手闪捌旋；
脚跟抹转左腿摆，上下相随势无间；
起腿蹬足半边空，遇击莫慌顺敌踪；
阴阳相济身手领，气转身旋展轻灵。

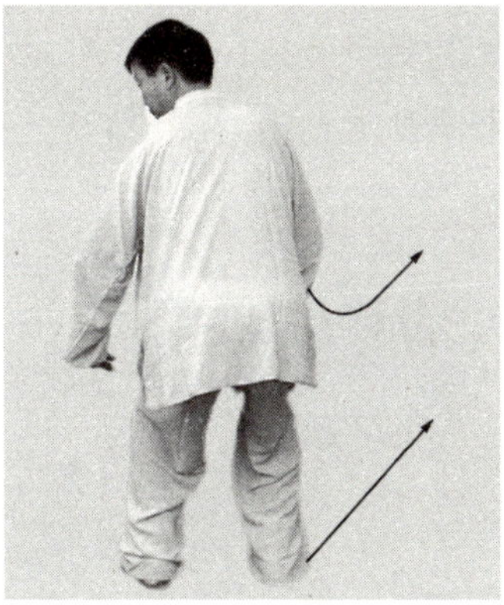

图 7-128

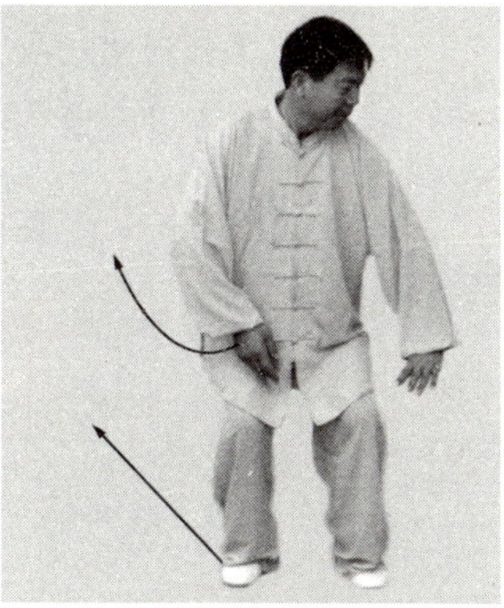

图 7-128 附图

第三十二式　左右裹膝

图 7-129

1. 松左胯，右脚迅速向右侧蹬出，脚尖向上；同时，右掌随右脚侧蹬上撩，高于右脚；左掌收于体侧，指尖向下；面向北。（图 7-129）

2. 身体右转，右脚尖外展落地，重心移至右腿，两腿交叉；右手屈臂上架；左脚向左侧提膝蹬出，身体右转 180°；同时，左掌随左脚侧蹬上撩，高于左脚；面向南。（图 7-130、图 7-131）

【说明】

左右脚上步连贯，蹬脚与两手上撩方向要一致。

【歌诀】

左右裹膝步要稳，护裆蓄势守中门；
脚落身转劲路跟，正隅变化左右寻；
势势连用巧安排，手撩脚蹬上下摆；
连环身旋虚实明，八面应敌示奇能。

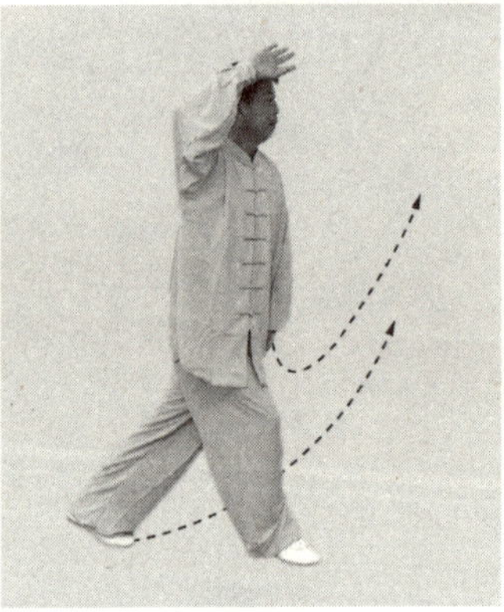

图 7-130

图 7-131

第三十三式　掩手捶

左脚落地成左弓步，左掌后收向下落于胸前，右掌变拳；紧接着，右拳面紧贴左掌心随左脚上步向前击出；面向东南。（图 7-132、图 7-133）

【说明】

顾名思义，左掌掩护右拳前击而名。

【歌诀】

掩手捶势寓意深，掌后使捶是为真；
左掌应敌顺势走，右掌变捶势紧跟；
梢节受制心莫慌，松开我劲顺劲防；
得机屈肘迎面击，身正胯松敌归西。

图 7-132

图 7-133

第三十四式　抱头推山

1. 松左胯，右肘以肩关节为轴由后向前划圆，右拳面紧贴左掌心；面向东。（图 7-134）

2. 左脚尖内扣，身体右转，重心移至右腿；同时，右肘尖顺势下落向右后方划圆。左掌向上经头后向右前下落，右拳变掌随身体右转由下向后经头后下落胸前。（图 7-135、图 7-136）

【说明】

屈肘向前又称迎面肘。抱头推山左右协调，上下相随。

【歌诀】

抱头推山有奇能，气转身旋中轴正；

肘打胫骨在七寸，靠击胸腰是一瞬；
手臂上旋如抱头，力由脊发山推走；
上下左右阴阳济，正腰活胯招式奇。

图 7-134

图 7-135

图 7-136

第三十五式　如封似闭

同第三式。（图 7-137～图 7-140）

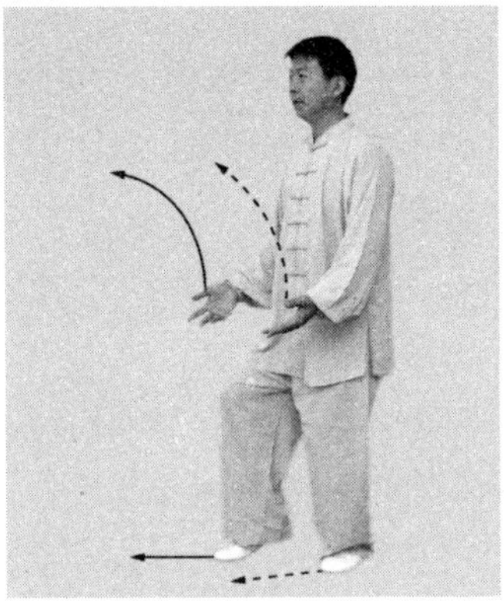

图 7-137

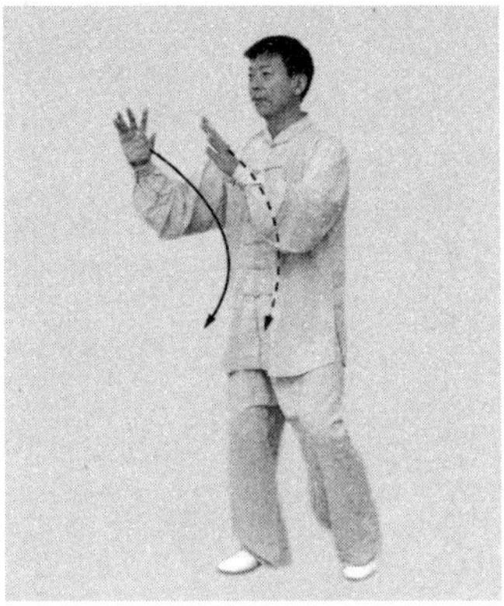

图 7-138

图 7-139

图 7-140

第三十六式　单鞭

同第四式。（图 7-141、图 7-142）

图 7-141

图 7-142

第三十七式　前后招

1. 重心左移成左弓步；右勾手变掌，右前臂外旋内收至胸前，掌心向上，指尖向前。(图 7-143)

2. 重心右移成右弓步；同时，左前臂外旋内收至右掌下，两手腕交叉，掌心向上；面向南。(图 7-144)

【说明】

前后招腰脊中正，以腰带臂，以臂带手。

【歌诀】

和式太极前后招，势简劲捷连环套；
引敌急进落空栽，循势近身靠法高；
虚实分明中轴旋，三门六靠击敌要；
势高自合太极理，正隅阴阳吾自晓。

图 7-143

图 7-144

第三十八式　勒马势

左脚尖内扣，右脚撤步成左弓步，身体右转 90°；同时，右掌随撤步内旋后带，掌心向后，左掌内旋前推，掌心斜向下；面向西。(图 7-145)

图 7-145

【说明】

勒马势形同提缰勒马。练习时身转步换，身、手、脚相随一致。

【歌诀】

勒马劲旋敌落空，右脚虚点待机动；
胯松身转侧面分，阴阳变转肘靠迎；
千斤来力沾着引，勒马收缰劲走顺；
上下相合成一体，何惧来敌力千钧。

第三十九式　野马分鬃

图 7-146

1. 松左胯，右脚走弧线向前上步成右弓步；同时，右手随上步向右前方划圆，左手顺势下落体侧。（图 7-146）

2. 松右胯，左脚走弧线向前上步成左弓步；同时，左手随上步向左前方划圆，右手顺势下落体侧，掌心向内；面向西。（图 7-147）

3. 重复动作 1。（图 7-148）

【说明】

两手随两脚弧形上步向左右两侧分开，手、肘、肩与脚、膝、胯相合。

【歌诀】

野马分鬃奇数行，足探虚实如履冰；
沾手前行走圆形，肘肩膝胯节节领；
手到步到身要拥，掌心鼓起丹田劲；
虚静松柔妙轻灵，阴阳五行理法明。

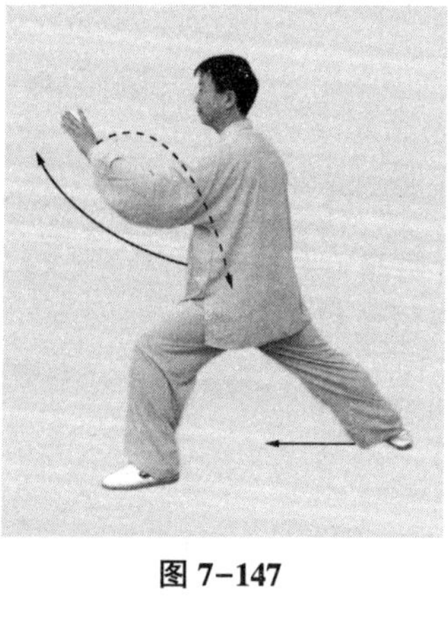

图 7-147

图 7-148

第四十式　玉女穿梭

图 7-149

1. 右腿提膝成左独立步；同时，右前臂外展收于胸前，掌心向上，指尖向前，左掌向上、向右划圆落于右掌上方，掌心向前；面向西。(图 7-149)

2. 右脚向前上步成右弓步；同时，右掌向前穿出，掌心向上与咽喉同高，左掌向后收于胸前。(图 7-150)

3. 左脚向前上步成左弓步；同时，左掌掌心向下随上步向前穿出，右掌向后收于胸前；面向西北。(图 7-151)

【说明】

练习时根据体质不同可跃步前穿。

【歌诀】

玉女穿梭手法巧，纵身前跃似虎跳；
白蛇吐信刺喉妙，乌龙盘柱顺势撩；
有进有退阴阳晓，站右进左谓捷要；
身进步迎势逍遥，正头领气是巧要。

图 7-150

图 7-151

第四十一式　转身懒扎衣

左脚尖内扣，右脚向后撤步转体成右弓步，身体旋转 180°；同时，右掌随转体向上、向右划圆落于右脚上方，左掌顺势向下收于左脚上，虎口向下；面向南。（图 7-152、图 7-153）

【说明】

懒扎衣与玉女穿梭连贯起来，一气呵成。转身时以肘带手，步随身换。

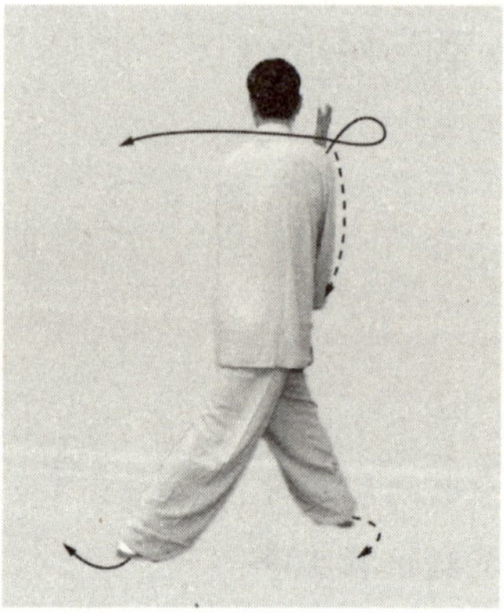

图 7-152

图 7-153

第四十二式　如封似闭

同第三式。（图 7-154～图 7-157）

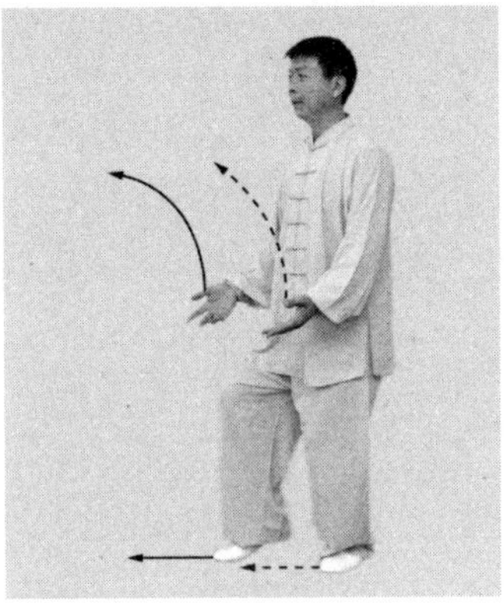

图 7-154

图 7-155

图 7-156

图 7-157

第四十三式　单鞭

同第四式。（图 7-158、图 7-159）

图 7-158

图 7-159

第四十四式　云手

同第二十二式。（图 7-160、图 7-161）

图 7-160

图 7-161

第四十五式　跌岔

1. 重心移至左腿，右脚向左脚后撤步；同时，右手自然下落腹前，左手随收步向左划圆收于腹前，掌心相对；面向南。（图 7-162、图 7-163）

2. 身体上领，右膝上抬；同时，两掌指尖向上沿身体中线上穿。

（图 7-164）

3. 右脚下落震地，屈膝下蹲，左脚向左侧开步成左仆步；同时，两掌从体侧落下；面向东南。（图 7-165）

【说明】

练习时身体各部位协调配合。

【歌诀】

跌岔下势走化劲，双手内合护中庭；
提膝合上击敌裆，二郎担山两臂张；
伸腿仆步把敌伤，身下头领劲力畅；
身法高低纵横全，上下相随意气扬。

图 7-162

图 7-163

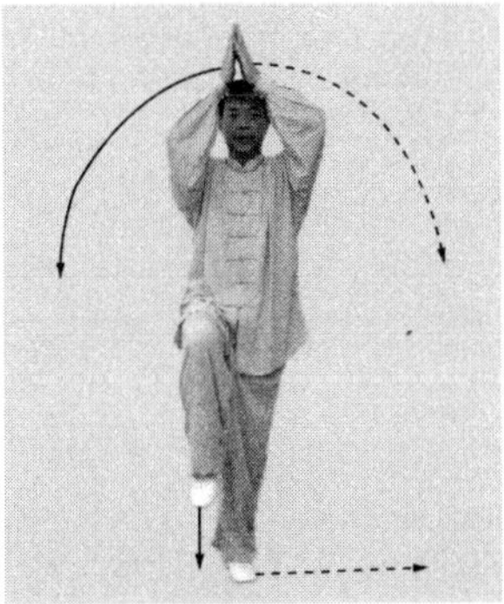
图 7-164

图 7-165

第四十六式　扫堂腿

重心移至左腿，脚尖外摆，右腿掠地面向左扫转 180°；同时，左手上领，右掌随转体前摆；面向北。（图 7-166、图 7-167）

【说明】

扫堂腿意在用腿，与跌岔连贯完成。也可以扫转 270°。

【歌诀】

扫堂腿法顶要领，进身双腿虚实明；
身旋腿扫劲要整，击其下节断其根；
双掌护使刚柔济，随势应变意运气；
曲身竖颈神气精，如泉涌出反弓劲。

图 7-166

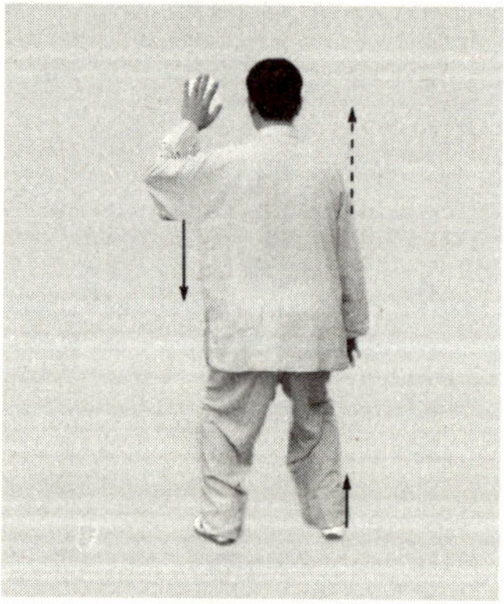

图 7-167

第四十七式　金鸡独立

1. 右脚收回成左独立步；两手分别在体前上下划圆一周半，左手下按，右手上托，右腿随右手上托提膝；时向右转体 90°；面向东。（图 7-168、

图 7-169）

2. 右脚落地成左虚步；右手向后经右耳下落体侧，左手在右手下落的同时向上、向后划圆一周下落体侧，两腿稍屈。（图 7-170）

3. 左手向上托起，掌根向前；左腿随左手上托提膝成右独立步；面向东。（图 7-171）

【说明】

以单腿站立喻金鸡独立。运动中要腰脊中正，左右协调，左上右下、左下右上时有上托下按之意。

【歌诀】

金鸡独立势稳健，手臂绕耳转一圆；
左手上擎势托天，右手下按如坠山；
明掌易化膝上穿，美女梳头似天仙；
顺势转身左右全，两仪互济立圆现。

图 7-168

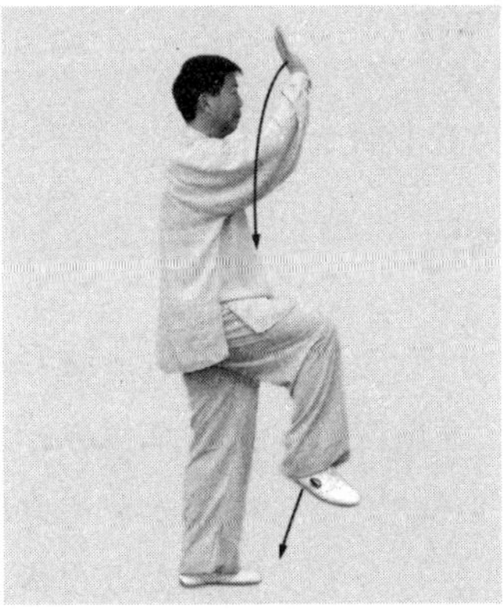

图 7-169

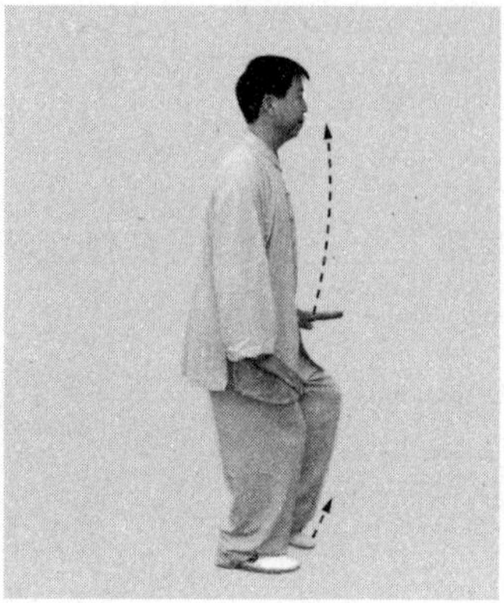
图 7-170

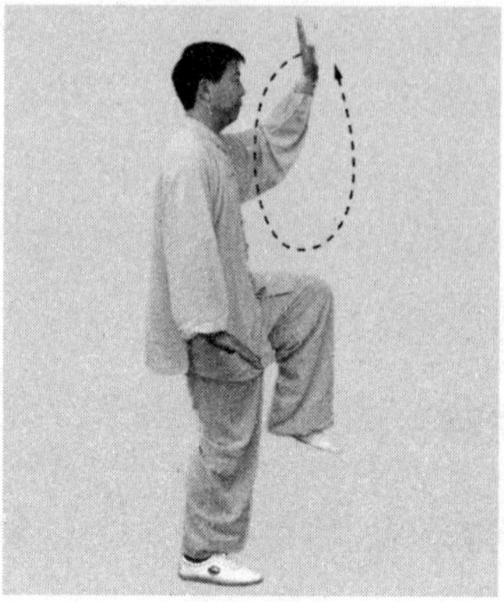
图 7-171

第四十八式　双震脚

右脚随左手上托起跳，右脚、左脚依次落地震脚，发出两次响声；同时，左肘随两腿下蹲向下砸击；面向东。（图 7-172、图 7-173）

【说明】

左肘下击时力在肘尖。

【歌诀】

双震脚法避扫腿，脚有先后连声雷；
身意放松骤一紧，肘下力重有千斤；
猛然分开周身随，经松脉通气血盈；
震脚发力宜慎用，盲练常用伤骨筋。

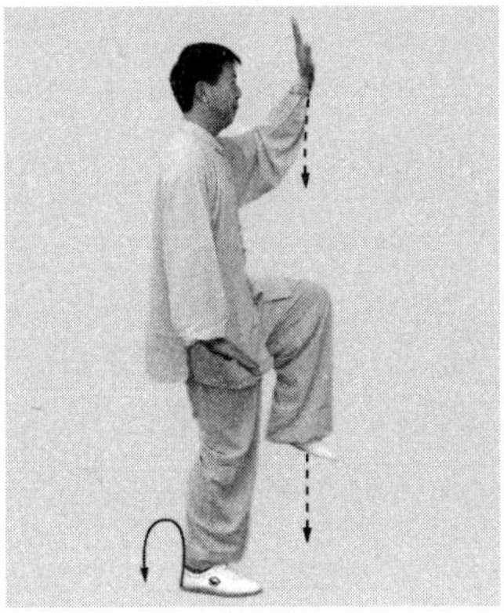

图 7-172

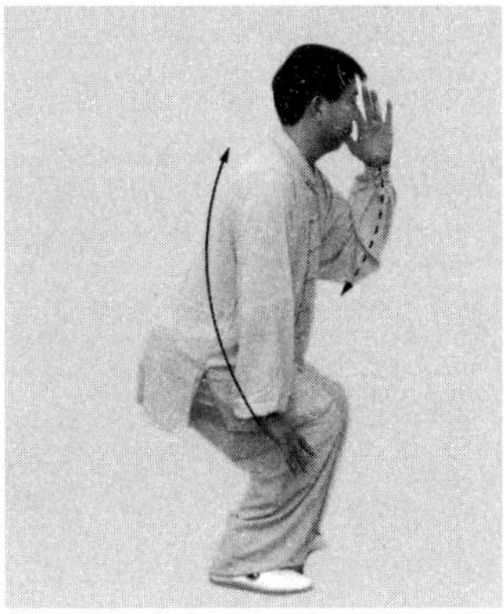

图 7-173

第四十九式　倒撵猴

同第十五式。(图 7-174~图 7-176)

图 7-174

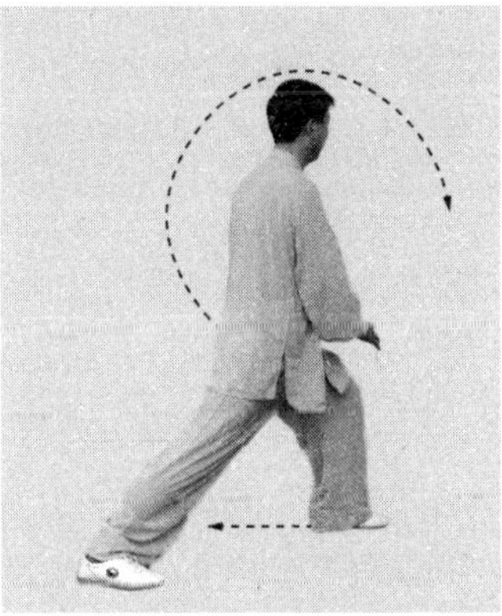

图 7-175

图 7-176

第五十式　白鹤亮翅

同第十六式。（图 7-177、图 7-177 附图、图 7-178）

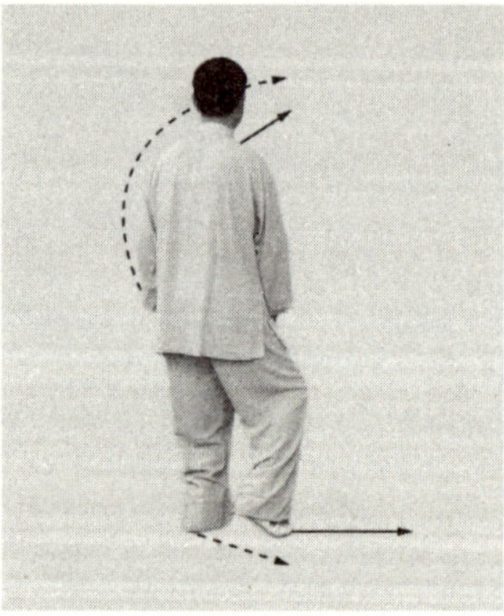

图 7-177

图 7-177 附图

图 7-178

第五十一式　斜行

同第七式。(图 7-179~图 7-182)

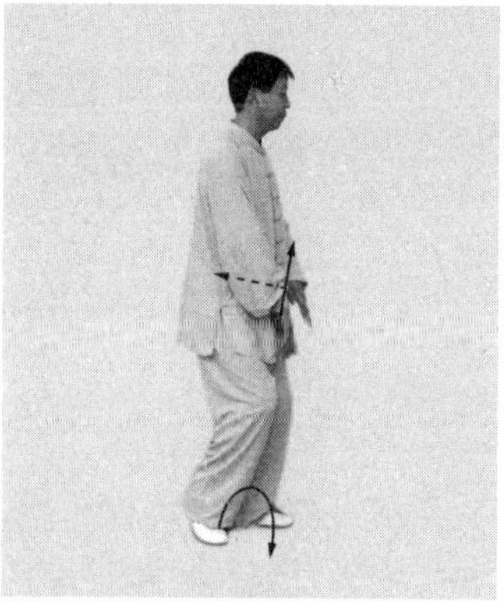

图 7-179

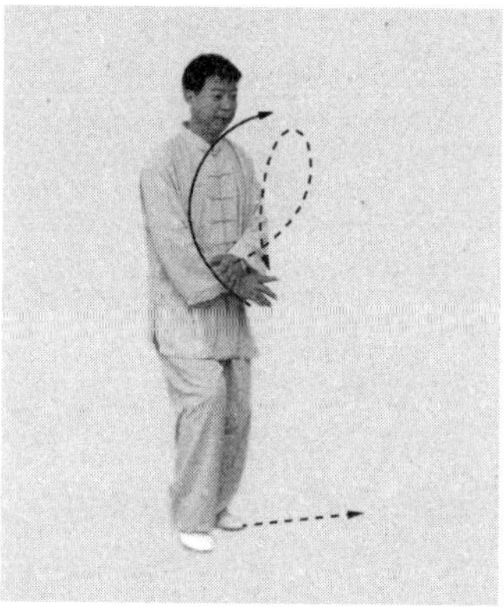

图 7-180

图 7-181

图 7-182

第五十二式　海底针

1. 同第十八式。(图 7-183～图 7-185、图 7-185 附图)
2. 右掌下劈时，左脚也可以向后跨一步。(图 7-186)

图 7-183

图 7-184

图 7-185

图 7-185 附图

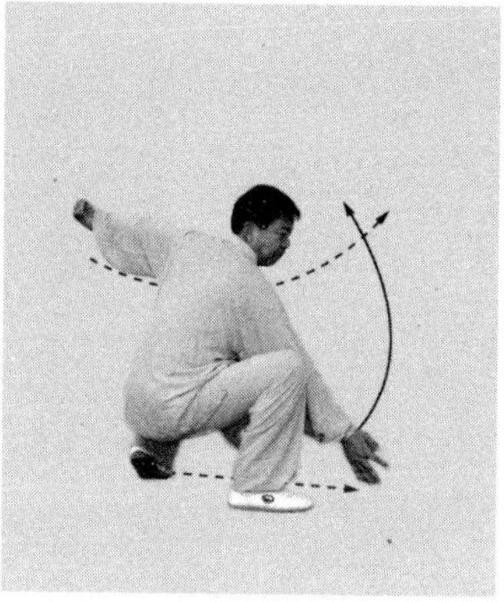

图 7-186

第五十三式　闪通背

同第十九式。(图 7-187~图 7-189、图 7-188 附图)

图 7-187

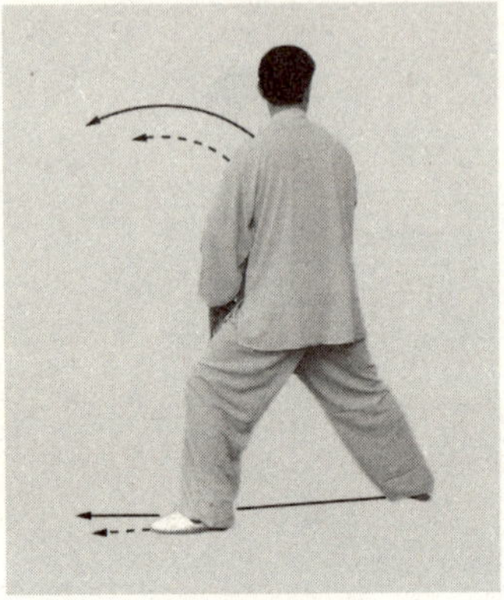

图 7-188

图 7-188 附图

图 7-189

第五十四式　如封似闭

同第二十式。（图 7-190、图 7-191）

图 7-190

图 7-191

第五十五式　单鞭

同第二十一式。(图 7-192、图 7-193)

图 7-192

图 7-193

第五十六式　云手

同第二十二式。(图 7-194、图 7-195)

图 7-194

图 7-195

第五十七式　高探马

同第二十三式。(图 7-196~图 7-198)

图 7-196

图 7-197

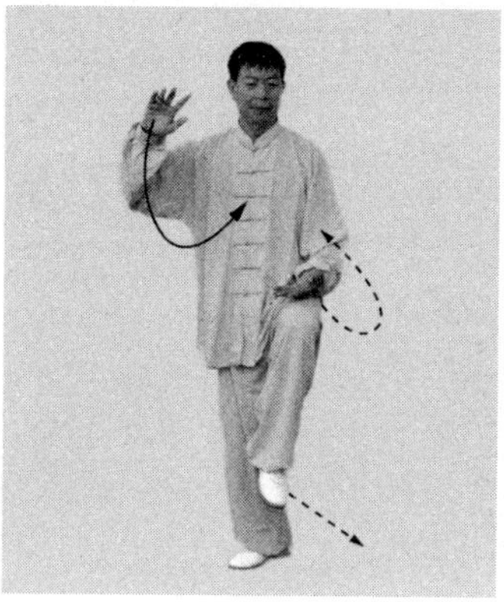

图 7-198

第五十八式　单摆脚

1. 左脚向左前方上步成左弓步，左手内旋回落；同时，右手向前划圆与左手成十字交叉置于胸前；面向西南。(图 7-199)

2. 重心前移，右脚向前划圆上摆；左掌与右脚面在体侧击响，右掌顺势收于胸前；面向南。(图 7-200)

【说明】

此式又名单摆莲。摆脚时保持身体平稳，左手右脚上下配合。

【歌诀】

秋风扫叶单摆莲，起腿上击敌头面；
阴阳翻转颠倒颠，顺势采挒随敌变；
侧身横进截其步，变换虚实肘靠现；
腿起身空何为用，必如龙形不见影。

图 7-199

图 7-200

第五十九式　吊打指裆捶

图 7-201

1. 右脚下落向后撤一大步成右弓步；同时，右掌变拳随后撤步向后、向上划圆，左掌变拳顺势收于左侧腰窝处，拳心向外；面向西南。（图 7-201、图 7-202）

2. 身体左转，重心左移成左弓步；同时，右拳随转体向上、向前下落于腹前，拳面向下，左肘内扣；面向西南。（图 7-203）

【说明】

吊打指裆捶因意取名，即用右拳击打对方裆部。整个动作环环相扣，身到拳到。

【歌诀】

吊打指裆捶击阴，身正胯松伏奇兵；
左右旋闪连环应，脚落身到敌心惊；
右实还须右侧进，应前顾后肘靠迎；
捶法吊打世间少，丹田劲发是真要。

图 7-202

图 7-203

第六十式　领落上金刚

同第五式。(图 7-204~图 7-207)

图 7-204

图 7-205

图 7-206

图 7-207

第六十一式　懒扎衣

同第二式。（图 7-208~图 7-211）

图 7-208

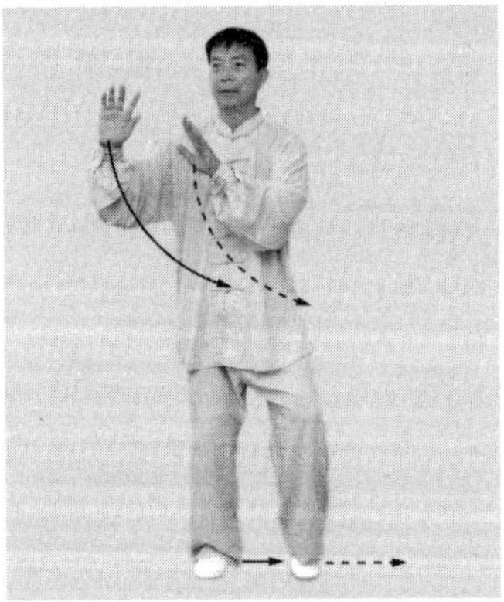

图 7-209

图 7-210

图 7-211

第六十二式　右扎七星

图 7-212

1. 左手向上划圆与右手相合。重心左移成左弓步，随后松右胯成右仆步；两臂以肩关节为轴并随重心转移在体前划圆一周，右臂下落至右膝内侧，掌心向上，左臂屈曲，左掌顺势收于左耳旁，右脚尖向上；面向西南。（图 7-212~图 7-214）

2. 重心前移成右弓步，手随身体前移上领，左手顺势落于胸前，两手心相对。（图 7-215）

3. 两掌变拳，重心先移至左腿再移至右腿；两拳随重心转移在体前交叉绕环一周，拳心向下。（图 7-216）

【说明】

此式象形取意，仆步时形如北斗七星，故名。扎七星难度较大，练习时避免受伤。

【歌诀】

仆步下势扎七星，松胯屈膝上下应；

避其锐势不丢顶，双臂滚旋运化灵；
乘虚蹈隙发靠劲，何惧力大进又猛；
高低纵横身法精，神清顶领因势行。

图 7-213

图 7-214

图 7-215

图 7-216

第六十三式　回头看画

1. 左脚收回成左虚步；两拳自然收于腹前。身体左转，左脚向左后方上步成左弓步；同时，左拳以肘关节为轴随转体向左后方划圆侧击；目视左拳。（图 7-217、图 7-218）

2. 右脚跟步成右虚步；同时，右拳随上步向左下方击出。（图 7-219）

【说明】

右拳向前下方击打又称进步指裆捶。左拳左脚要上下相随，右拳右脚上步要连贯。

【歌诀】

回头看画左腿挂，劲走螺旋把敌发；
提膝挂撩腿八法，右拳击腹敌人怕；
左拳上指六阳首，贴身迫进加肩肘；
出入领落圈走圆，气沉丹田松腰胯。

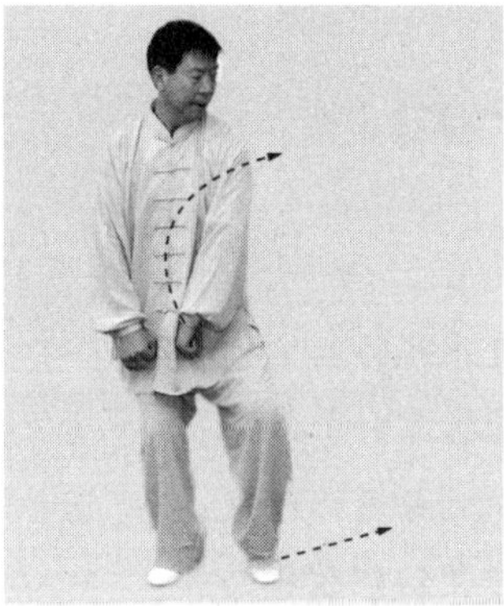

图 7-217

图 7-218

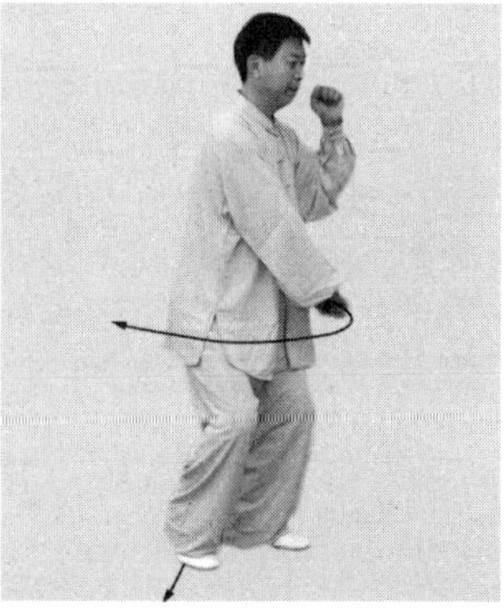

图 7-219

第六十四式　黄龙搅水

图 7-220

1. 右脚向右开步成右弓步；右拳变掌向右划圆，掌心向下，左拳随开步下落体侧。（图 7-220）

2. 右脚收回成右虚步；右掌随身体左转划圆内收于左腹前变拳，两拳在左腹前相合；身体左转 90°。（图 7-221）

3. 右脚向右侧上步，左脚跟步成左虚步；同时，两拳随上步向上、向右侧击出，拳心向下；面向东北。（图 7-222）

【说明】

练习中手、眼、身、步要协调配合，身转步换。

【歌诀】

黄龙搅水胯松活，身正顾盼后右左；
右臂似龙首尾应，背折靠肘打敌凶；
虚实变换腰腿间，步运身进正隅变；
进步双龙出水游，拧裹钻翻敌犯愁。

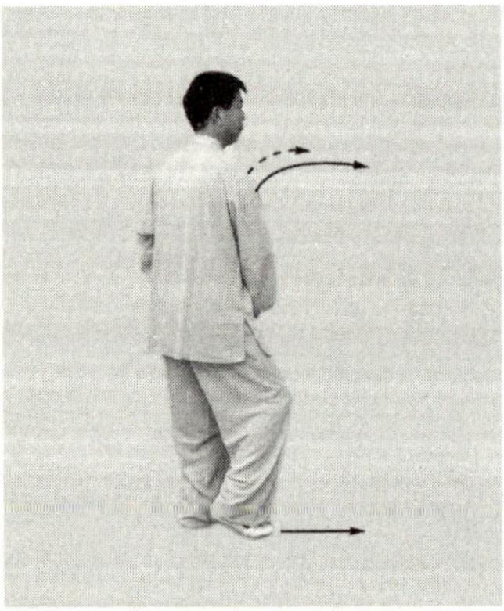
图 7-221

图 7-222

第六十五式　如封似闭

重心左移成右虚步；两拳变掌，随重心转移下落至腹前；其余动作同第三式。(图 7-223、图 7-224、图 7-223 附图)

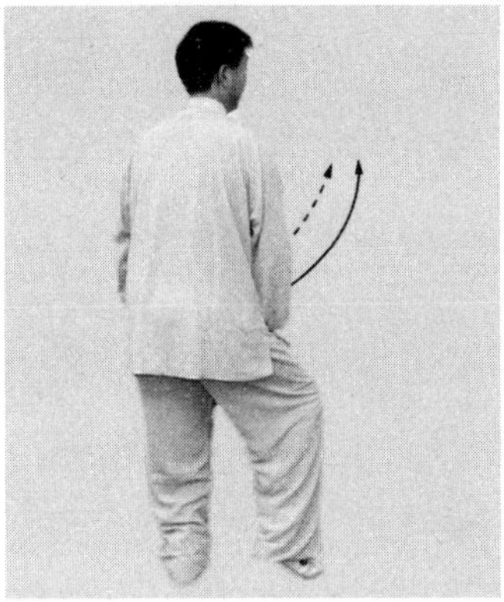

图 7-223

图 7-223 附图

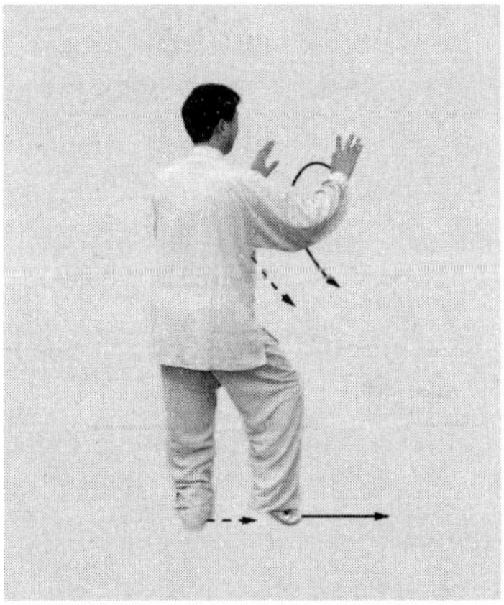

图 7-224

第六十六式　单鞭

同第四式；唯面向北。(图 7-225、图 7-226、图 7-225 附图)

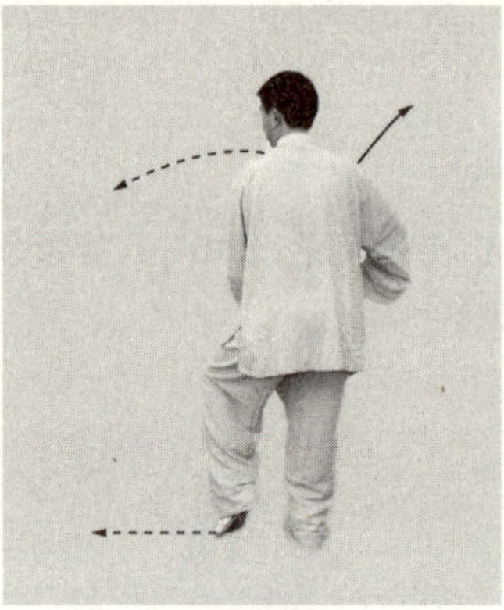

图 7-225

图 7-225 附图

图 7-226

第六十七式　左扎七星

右勾手变掌向上、向左划圆与左手相合；其余动作与右扎七星相同，唯方向相反。（图 7-227~图 7-231）

图 7-227

图 7-228

图 7-229

图 7-230

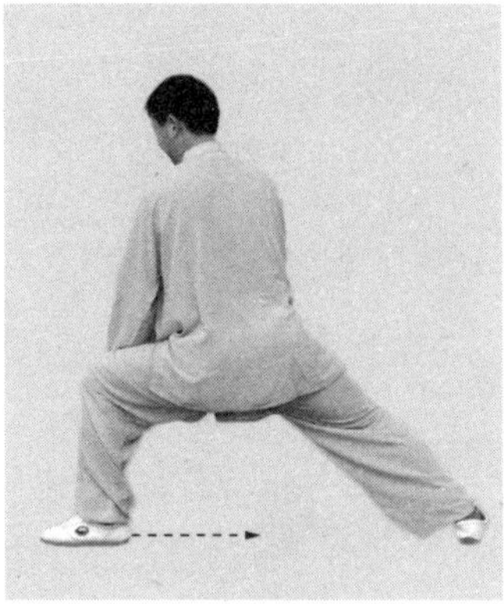

图 7-231

第六十八式　进步十字手

1. 左脚收回右脚内侧成左虚步；同时，两拳顺势收于腹前成十字交叉，右拳在前。（图 7-232、图 7-232 附图）

2. 左脚向前上步，右脚跟步成右虚步；同时，两拳缠腕由内向前、向上崩出，拳心向内。（图 7-233、图 7-233 附图）

【说明】

进步十字手象形取意，练习时上下相随，进步进拳进身。

【歌诀】

进步十字擒拿手，翻转拐臂搬拦肘；
手臂被敌擒拿扣，十字滚臂旋中求；
内丹立圆虚实有，进步进身使敌就；
阴阳知变如水流，相济莫测神气游。

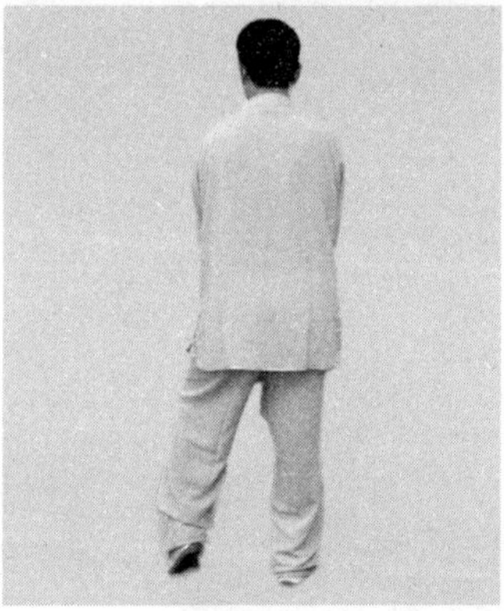

图 7-232

图 7-232 附图

图 7-233

图 7-233 附图

第六十九式　退步跨虎

1. 右脚撤步，左脚向后跟步成左虚步；同时，两拳变掌向体侧划圆，右手

落于胸前，掌心向下，左手变勾手落于身后，勾尖向后。(图7-234、图7-235、图7-235附图)

2. 右脚尖外摆，身体向右旋转180°，左腿屈膝上抬随转体向前上步成左弓步；同时，左勾手变掌随转体向上划圆，与右手一起随左脚上步向前掤出；面向南。（图7-236、图7-237）

图7-234

【说明】

退步跨虎以左脚跨步转身象形取名。练习时手、肘、肩与脚、膝、胯相合。

【歌诀】

退步跨虎敌劲空，双臂左右活似龙；
上撑下领劲蓄满，借人之力顺势变；
追风赶月不放松，旋胯转身把敌扔；
身活腰正顶虚领，太极阴阳理义明。

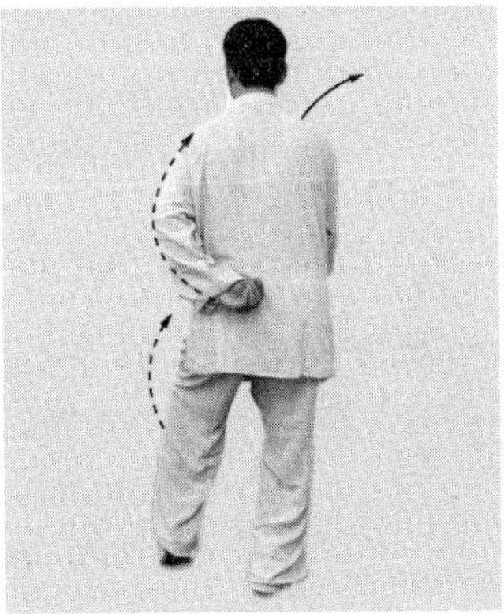

图7-235

图7-235附图

图 7-236

图 7-237

第七十式　双摆脚

松左胯，重心移至左脚，右脚向前向左弧形上摆；同时，两掌依次击响右脚背。(图 7-238)

【说明】

双摆脚又名双摆莲。练习时注意手脚的配合，相向运动，脚主动，双手被动。

图 7-238

【歌诀】

双摆莲势步法奇，松腰落胯右脚悬；
先合后开猛用力，扣摆星月怀心脚；
双手上领意在先，倒转乾坤破敌靠；
身活腰正虚灵妙，颈整气顺最为要。

第七十一式　搬弓射虎

1. 重心后移，右脚向后侧方落地成右弓步；同时，两掌顺势向右、向后变拳划圆。身体左转，重心左移成左弓步；两拳随转体屈臂前击，左前右后如吹嗽叭状，拳心向下。（图7-239、图7-240）

2. 重心稍前移，右拳于左拳下向前击出。重心后移成右弓步；右臂屈肘后收，左拳直臂前击，两臂似开弓射箭。（图7-241、图7-242）

图7-239

图7-240

【说明】

此式象形取意。练习时注意身形变化，以身带拳，立身中正。

【歌诀】

搬弓射虎背滚圆，搬拦肘靠技法全；
两臂滚旋斜立圈，松胯落裆气沉田；
扣弦搭箭弓张满，前射猛虎顾后边；
中正轻灵劲曲蓄，久练功成非等闲。

图 7-241

图 7-242

第七十二式　金刚三大对

两拳变掌。其余动作同第一式。（图 7-243～图 7-246）

图 7-243

图 7-244

图 7-245

图 7-246

收势

左脚向后撤步，右脚跟步，两脚平行站立；同时，右拳变掌，两掌向外划圆向内下落体侧，还原成起势；面向南。（图 7-247～图 7-251）

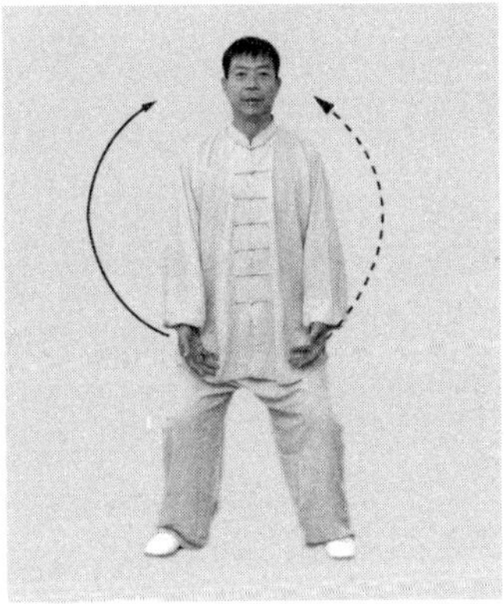

图 7-247

【说明】

收势要气沉丹田。

【歌诀】

静心收势守真元，天人合一道自然；
太极阴阳贵在变，此消彼长宗一圆；
如环无端往复转，开合动静法无偏；
修身养性意延年，得传久练返先天。

图 7-248

图 7-249

图 7-250

图 7-251

（本章由郭艳华撰写）

第八章　和式太极剑传统 38 式动作详解

和式太极拳器械分长器械和短器械两大类。长器械主要有太极棍等，短器械类则以刀、剑为代表，尤以剑为主。和式太极剑套路是基于和式太极拳的短器械套路，其中传统 38 式较为流行。本章以和式太极剑传统 38 式为例，对和式太极剑法套路进行概要展示。

第一节　动作图解说明

（1）为了方便读者模仿练习，演练图像设定为面南方向。

（2）图中左手、左脚的动作方向以虚线标出，右手右脚的动作方向以实线标示，并附有文字详解。

（3）剑素有“短兵之帅”的美称，其有身长、柄短、带尖、两面有刃、体轻、扁薄而有韧性等特点。不同拳种与流派的剑术套路风格不一，但基本技法要求大致相同。

（4）和式太极剑以和式太极拳为基础，练习过程中不仅要体现和式太极拳的身法和步法特点，而且要突出剑法轻巧、闪转灵活、变化莫测的技击招法和神韵。

（5）重复动作只列出图片，不再重复详解。

第二节　和式太极剑基本技术及其要领

一、剑型

（一）左手持剑

常见于剑术套路的起收势。手心贴紧护手，食指与中指伸直附于剑柄，拇指和其余手指分别紧扣护手两侧，剑脊轻贴前臂后侧。（图 8-1、图 8-2）

图 8-1

图 8-2

（二）右手持剑

右手五指曲屈，大拇指与其余四指握拢剑柄，剑尖向外。

右手持剑可分为：

1. 正握剑

立剑，小指侧刃向下。（图 8-3）

2. 反握剑

立剑，小指侧刃向上。（图 8-4）

3. 俯握剑

平剑，手心向下。（图 8-5）

4. 仰握剑

平剑，手心向上。（图 8-6）

图 8-3

图 8-4

图 8-5

图 8-6

（三）剑指

大拇指与无名指卷曲捏拢，大拇指指腹压住无名指，食指与中指伸直。（图 8-7、图 8-8）

图 8-7

图 8-8

（四）刺剑

单手握剑柄，剑尖向前，立剑或平剑向前（或侧）刺出。要求力从腰发，达于剑尖，动作脆快，持剑臂与剑成一直线。

刺剑可分为：

1. 平刺

单手握剑柄，剑尖向前，水平向前刺出。（图 8-9）

2. 斜刺：

单手握剑柄，剑尖斜向下。（图 8-10）

图 8-9

图 8-10

（五）挑剑

坐腕，以立剑由下向上挑起，力达剑尖。（图 8-11）

图 8-11

图 8-12

（六）点剑

提腕，剑尖由上向下啄击。点剑时，要突然提腕伸臂，使剑尖快速向前（或侧）下方点击，剑尖低于手腕，力达剑尖。（图 8-12）

（七）撩剑

立剑，贴身弧形撩出，力达剑身前部。

撩剑可分为：

1. 正撩剑

前臂外旋，手心向上。（图 8-13）

2. 反撩剑

前臂内旋，虎口向下。（图 8-14）

图 8-13

图 8-14

（八）劈剑

立剑，由上向下或随转体或绕圆劈出。劈剑时动作要连贯，剑走立圆，手腕挺直，剑与臂成一直线，力达剑身。（图 8-15）

图 8-15

二、步型

（一）弓步

俗称弓箭步。一腿屈膝，小腿与地面垂直，另一腿自然伸直。左腿弯曲为左弓步，反之为右弓步。（图 8-16）

（二）仆步

一腿屈膝全蹲，臀部下坐，另一腿伸直平仆于地面的姿势。左腿伸出为左仆步，反之为右仆步。（图 8-17）

图 8-16

图 8-17

（三）马步

两脚自然开立，两腿弯曲，躯干直立，重心在两腿中间。（图 8-18）

（四）虚步

俗称丁八步。一腿承担体重，另一腿脚尖点地或者全脚掌虚点地面。左脚点地为左虚步，反之为右虚步。（图 8-19）

图 8-18

图 8-19

（五）独立步

一腿直立，另一腿屈膝上抬。左腿直立为左独立步，反之为右独立步。（图 8-20）

（六）歇步

两腿交叉靠拢全蹲，右脚全脚掌着地，脚尖外摆，左脚前脚掌着地，左腿膝盖紧贴右脚外侧，臀部坐于左脚跟上。左脚在下为左歇步，右脚在下为右歇步。（图 8-21）

图 8-20

图 8-21

第三节　和式太极剑传统38式动作名称

第一式　起势
第二式　穿膛剑
第三式　翻剑
第四式　护膝剑
第五式　七星剑
第六式　金鸡点头
第七式　霸王亮剑
第八式　剑游乾坤
第九式　开合
第十式　金剑入地
第十一式　当头剑
第十二式　古树盘根
第十三式　云剑
第十四式　双挑剑
第十五式　古树盘根
第十六式　白蛇吐信
第十七式　跃步刺剑
第十八式　回头望月
第十九式　神龙摆尾
第二十式　袖中藏剑
第二十一式　秋风扫落叶
第二十二式　剑指大地
第二十三式　劈四方
第二十四式　青龙出海
第二十五式　拨草寻蛇
第二十六式　快马加鞭
第二十七式　拦腰剑
第二十八式　青龙出海
第二十九式　藏剑
第三十式　金鸡点头
第三十一式　青龙出海
第三十二式　云剑
第三十三式　老虎大张嘴
第三十四式　玉女穿梭
第三十五式　蛟龙入海
第三十六式　剑扫落叶
第三十七式　青龙出海
第三十八式　收势

第四节　和式太极剑传统38式动作详解

第一式　起势

1. 两脚自然站立，与肩同宽。两手自然下垂，左手持剑，食指与中指压住剑柄，其余三个手指握住护手，手心向后，剑脊贴在上臂，胸微含。头颈正直，下颌微收，头顶百会穴微微上领，目光平视，舌顶上腭。(图 8-22)

2. 屈膝松胯，右手变剑指，两手置于身体两侧，掌心向前。然后，两腿伸直，两手从体侧向上划圆打开，两手掌高与眉齐。不停，两手沿身体中线自然下落于腹前，屈膝松胯。(图 8-23~图 8-25)

【说明】

身领手起，身落手落。

图 8-22

图 8-23

图 8-24

图 8-25

第二式　穿膛剑

1. 松右胯，左脚向左前方上步成左弓步；同时，两手随左脚上步向前掤出，掌心向下，两肘微屈。(图 8-26)

2. 身体右转，重心移至右腿；两手随转体向上、向右划圆，两手落于右脚上方相合，右手接握剑柄，左手变剑指附于右手腕。(图 8-27)

3. 松左胯，右脚向前上步与左脚并齐成右虚步；同时，右手持剑随上步向前刺出，左手剑指轻附于右手腕；面向南。(图 8-28、图 8-29)

【说明】

上步时脚到手到，转体时松胯立腰。

图 8-26

图 8-27

图 8-28

图 8-29

第三式　翻剑

两脚不动；右手腕外展内旋，右手持剑在体前划立圆于身体左侧，剑尖向上，左手剑指附于右手腕。（图 8-30）

【说明】

翻剑时剑柄带动身划圆。

图 8-30

图 8-31

第四式　护膝剑

右脚向右开步成右弓步；同时，右手持剑向下、向左划圆，并随右脚开步向右格挡，剑尖向下，左手剑指轻附于右手腕；面向西。（图 8-31）

【说明】

格挡时力在剑身。

第五式　七星剑

图 8-32

1. 重心左移成左弓步；同时，右手持剑经下向左划圆于身体左侧，目视剑尖；面向东。（图 8-32）

2. 身体右转，右手持剑随转体向上、向右划圆；重心先移至右腿成右弓步，然后下落成右仆步；同时，右手持剑下落，剑尖向上，左手剑指外撑；面向西。（图 8-33、图 8-34）

【说明】

左弓步时向左刺剑，向右转体时右臂内旋上架。

图 8-33

图 8-34

第六式　金鸡点头

重心移至右腿，左腿屈膝提起成右独立步；同时，右手持剑向右前方点剑，目视剑尖，左手顺势上架；面向西。（图 8-35）

【说明】

提膝和点剑同时完成。

图 8-35

第七式　霸王亮剑

1. 身体左转，左脚下落成左虚步；同时，右手持剑随转体经上向右划弧，下落于右膝前，左手剑指附于右手腕。(图 8-36)

2. 左膝上提成右独立步；同时，右前臂内旋向上架剑，左手剑指前伸；目视左前方；面向南。(图 8-37)

【说明】

提膝和架剑同时完成。

图 8-36

图 8-37

第八式　剑游乾坤

1. 右腿屈膝上跳，左右脚依次上步成右弓步；右手持剑向下收回腰间，同时随右脚上步向前刺出，左手剑指向后划弧；目视剑尖。(图 8-38、图 8-39)

2. 收右脚成左虚步；同时，右手持剑内旋收于腰间。左脚向左上步成左弓步；右手持剑随左腿弓步向前刺出。左手顺时针在体前划圆外撑，高与肩平；目视前方，面向东。（图 8-40、图 8-41）

【说明】

两脚上步要连贯，弓步刺剑一气呵成。

图 8-38

图 8-39

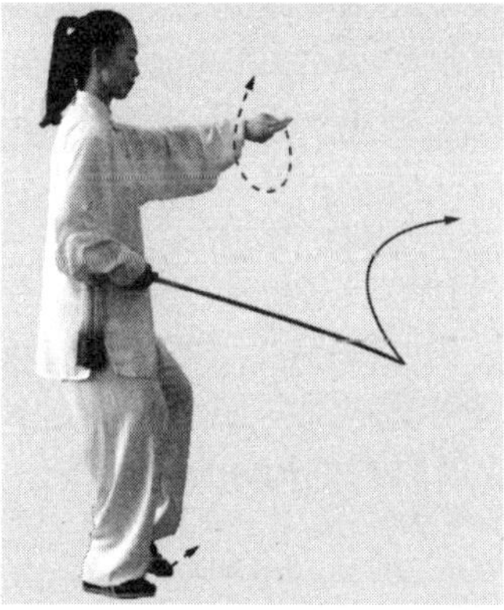
图 8-40

图 8-41

第九式　开合

重心右移成右弓步；同时，两手在身体两侧打开，掌心朝上，目视剑尖。右脚收于左脚内侧成右虚步，两手下分上合于体前下劈，左手剑指附于右手腕；面向东。（图 8-42、图 8-43）

【说明】

目视剑尖；两手与右脚开合同步。

图 8-42

图 8-43

第十式　金剑入地

1. 右脚向右开步成右弓步；同时，右手持剑向右平扫至右脚上方，屈腕上提，剑尖向下，左手剑指外撑。（图 8-44）

2. 左腿提膝成右独立步；右手随提膝向左前方斜刺，左手剑指上撑；目视剑尖。（图 8-45）

【说明】

右手持剑平扫时手背向下；刺剑与左腿提膝同步完成。

图 8-44

图 8-45

第十一式　当头剑

左脚向左侧方落地，右脚跟步成右虚步；同时，右手持剑经下向左上方挑剑，并与左手剑指合于胸前，目视前方；面向南。(图 8-46、图 8-47)

【说明】

退步、挑剑一气呵成，力达剑尖。

图 8-46

图 8-47

第十二式　古树盘根

图 8-48

1. 左脚向左开步，右脚向左前方上步成交叉步，左脚尖点地；两手同时从左向右逆时针划圆，右手持剑下劈，高与肩平，左手剑指上架，掌心向上；目视剑尖方向。（图 8-48、图 8-49）

2. 歇步下蹲；右前臂外旋屈肘收于胸前，手背朝前，剑尖所指方向不变。（图 8-50）

【说明】

左脚开步时右手腕放松，剑尖指向左，右脚插步时右手持剑下劈。

图 8-49

图 8-50

第十三式　云剑

1. 右脚连续向右侧身上步三次，左脚跟步；同时右手持剑于体前两次顺时针划圆，左手配合右手在体前划圆，剑尖所指方向不变。（图 8-51~图 8-53）

2. 第三次上步时，左脚向右后方（西北）退步成交叉步；同时，右手持剑向右后方刺出，左手剑指斜向上撑；目视剑尖。（图 8-54）

【说明】

绕环时剑身要保持平稳，右手拳心保持向上；左脚跟步时持剑右刺。

图 8-51

图 8-52

图 8-53

图 8-54

第十四式　双挑剑

1. 左脚向斜前方（东南）上步成左弓步；同时，右前臂外展竖剑，左手剑指下落附于右手腕，两手持剑向前推出，剑尖向上；目视前方。（图 8-55）

2. 撤左脚成左虚步，身体向右转 90°；两手持剑收于胸前，随后向前下方点剑，目视剑尖；面向西。（图 8-56、图 8-57）

3. 右脚向右后方撤步成右弓步，两手沉腕挑剑，收于胸前右侧，剑尖向上；然后，右脚上步成左虚步；两手持剑向前下方点剑；面向西。（图 8-58、图 8-59、图 5-58 附图）

【说明】

左脚上步时右前臂先外旋再坐腕竖剑。

图 8-55

图 8-56

图 8-57

图 8-58

图 8-58 附图

图 8-59

第十五式　古树盘根

1. 左脚向后撤步，右脚跟步成交叉步，左脚尖点地，身体向左转体90°；同时，右手持剑向下、向左划圆一周下劈，左手剑指上架；目视剑尖方向。（图 8-60、图 8-61）

2. 歇步下蹲，右前臂外旋屈肘收于胸前，目视剑尖方向。（图 8-62）

【说明】

歇步下蹲时右前臂外旋，剑尖始终指向正西。

图 8-60

图 8-61

图 8-62

第十六式　白蛇吐信

右脚向右侧上步成右弓步；右手持剑向右刺出，左手剑指后撑；目视剑尖方向。（图 8-63）

图 8-63

【说明】

刺剑时力达剑尖；剑身与右弓步在同一平面内。

第十七式　跃步刺剑

1. 重心后移，右腿提膝成左独立步；同时，右手持剑收回胸前，左手附于右手腕。(图 8-64)

2. 右脚垫步前跃，左脚跟步成左虚步；两手持剑前刺；面向西。(图 8-65~图 8-67)

【说明】

垫步前跃时右脚向前落地起跳，左脚落地后右脚迅速上步，左脚跟步。两手持剑在胸前随跳步划一个小圆。

图 8-64

图 8-65

图 8-66

图 8-67

第十八式 回头望月

身体左转，左脚向后插步成歇步；右手持剑随转体向左划圆一周，并随歇步向右上方撩剑，左手剑指收于胸前；目视剑尖方向，面向西北。（图 8-68、图 8-69）

【说明】

撩剑时右前臂内旋，剑身、右手臂、左肩在一条线上。

图 8-68

图 8-69

第十九式 神龙摆尾

图 8-70

1. 身体起立，以右脚为轴向右转体 180°，左脚上步成左弓步；同时，右手持剑上举，并随左弓步下落向左平扫，左手剑指附于右手腕。（图 8-70~图 8-72、图 8-72 附图）

2. 重心右移成右弓步，随后右脚上步成右虚步；右手持剑随上步向后划圆下劈，两手先开后合，左手剑指附于右手腕；面向西北。（图 8-73、

图 8-74)

3. 以左脚为轴，右脚后撤向右转体 180°，落地成右弓步；右手持剑随转体平扫，左手剑指外撑；目视剑尖方向，面向西北。(图 8-75)

【说明】

起身转体要平稳。后撤步转体，右前臂内旋，拳心向下。

图 8-71

图 8-72

图 8-72 附图

图 8-73

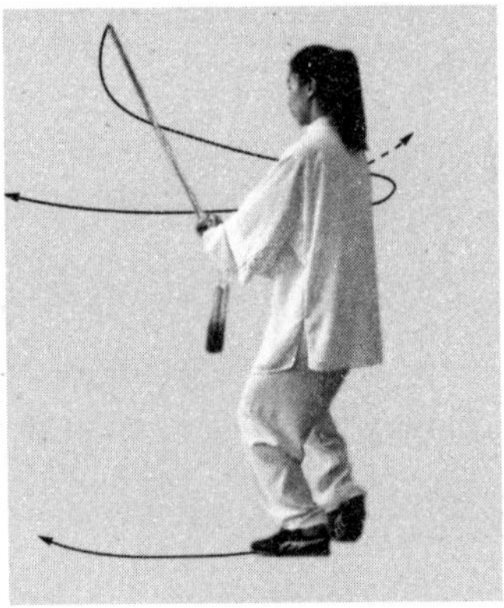

图 8-74

图 8-75

第二十式　袖中藏剑

重心后移，右脚后撤成右虚步，身体右转 180°；同时，右臂外旋，右手持剑收至胸前，左手剑指附于右手腕，剑身藏于左手臂下；面向北。（图 8-76、图 8-76 附图）

图 8-76

图 8-76 附图

第二十一式　秋风扫落叶

右脚、左脚连续向右侧上步，身体旋转360°；前半周两手随转体持剑不变，后半周两手分开，右手持剑，剑尖斜向下，随转体绕环护膝；右脚落地后右臂屈肘提剑，收于腰间，左手剑指随转体划圆，顺势前撑；面向东北。（图8–77、图8–78）

【说明】

右脚上步时，右前臂内旋剑尖向下，剑身随转体保护右腿。

图8–77

图8–78

第二十二式　剑指大地

左腿提膝成右独立步；右前臂内旋，右手持剑随提膝下刺，虎口向下，左手剑指向斜上方撑起；目视剑尖方向，面向东。（图8–79）

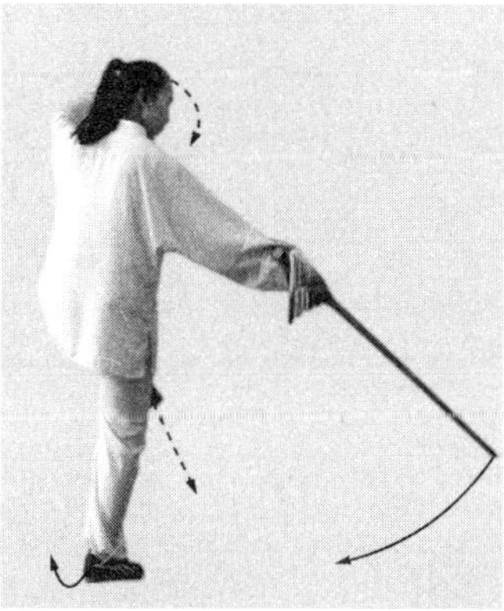

图8–79

第二十三式　劈四方

1. 左脚落地，右脚后撤成右虚步，身体向右旋转 180°；左手剑指下落附于右手腕，并随右脚撤步向两侧分开；面向南。(图 8-80)

2. 右脚上步，左脚跟步成左虚步；同时，两手下分上合随上步下劈；面向南。(图 8-81)

3. 左脚开步，右脚撤步成右虚步，身体向右旋转 90°；两手下分。然后，右脚上步，左脚跟步成左虚步；同时，两手随上步相合下劈，左手剑指附于右手腕，剑尖斜向上；面向西。(图 8-82~图 8-84)

4. 重复上述动作，依次做完面向北（图 8-85、图 8-86）、面向东（图 8-87~图 8-89）。

【说明】

撤步转体，上步劈剑，依次完成南、西、北和东四个方向。

图 8-80

图 8-81

图 8-82

图 8-83

图 8-84

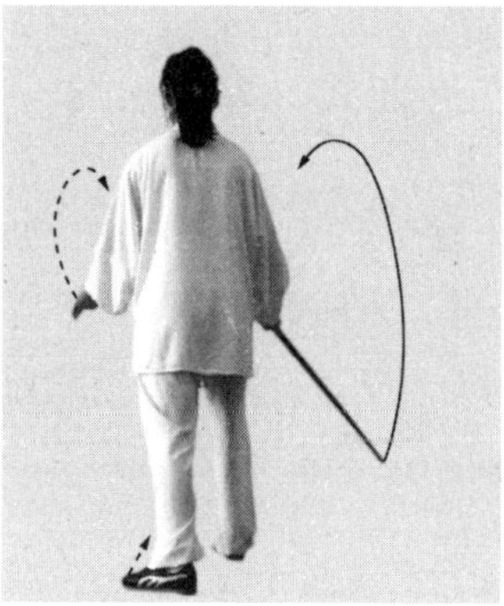

图 8-85

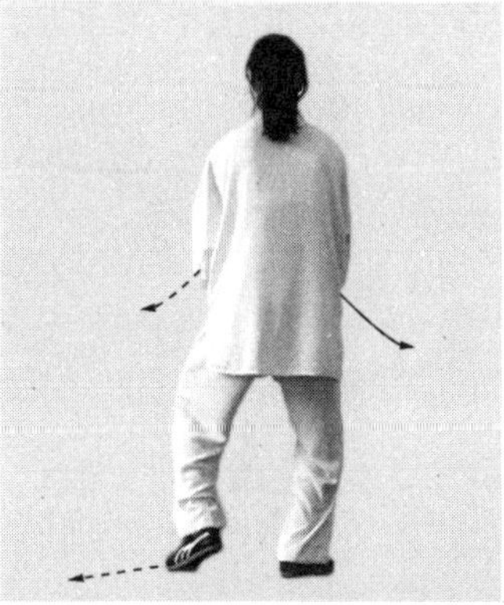

图 8-86

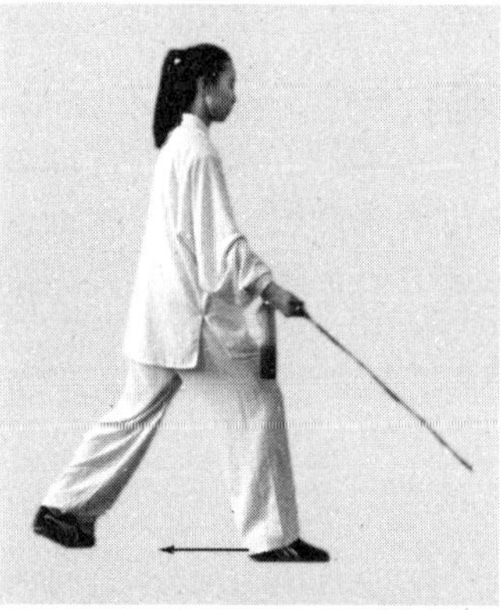

图 8-87

图 8-88

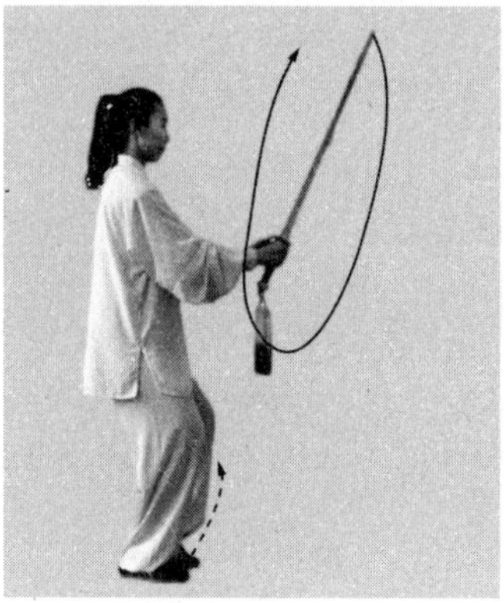

图 8-89

第二十四式　青龙出海

1. 左脚向左开步成左弓步，随即屈膝上提成右独立步；右前臂外旋，右手持剑随左脚上步经腰间向左平刺，同时随提膝划圆上架，剑尖斜向前，左手剑指随提膝前推；面向东。（图 8-90）

图 8-90

2. 左脚向左侧开成左弓步；右手持剑收于腰间，并随开步向前刺出，左手剑指向左侧外撑；面向东。（图 8-91）

图 8-91

【说明】

右手持剑划圆时先向左刺剑，随后左脚顺势蹬地提膝，右手持剑上架，向右稍转体。

第二十五式 拨草寻蛇

1. 重心右移成右弓步；同时，左手剑指附于右手腕并向右后方划圆撩剑。然后，右脚上步成右虚步；同时，右前臂外旋，右手持剑随上步向前方撩剑，剑身紧贴右腿外侧；面向东。（图 8–92）

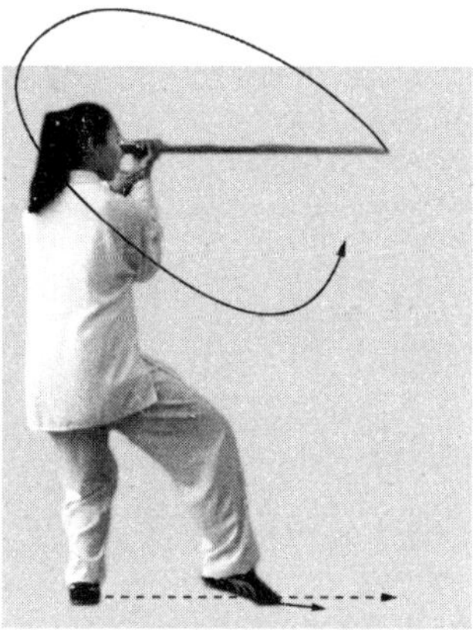

图 8–92

2. 右脚向前垫步，随即左脚上步成左虚步，身体向右转体 180°；右手持剑向左后方下落，并随左脚上步前撩上架，剑身紧贴左腿外侧；面向东。（图 8–93）

图 8–93

3. 重复动作 1。（图 8–94、图 8–95）

【说明】

上步与撩剑要协调一致，也称护膝剑。上右步正撩剑，上左步反撩剑。

图 8–94

图 8–95

第二十六式　快马加鞭

1. 右脚向前垫步；同时，右手持剑向左后方划圆，左手附于右手腕。（图 8-96、图 8-96 附图）

2. 左脚向右后方插步；同时，右手持剑经腹前向右后方反撩，剑尖斜向下，左手剑指顺势上架；面向东。（图 8-97）

3. 左脚往前（西）上步，右脚上步成交叉步；同时，右手持剑向上划圆经腹前向右后方反撩，左手剑指顺势上架。（图 8-98 ~ 图 8-100）。

4. 重复动作 3 次。

【说明】

插步撩剑身体要拧转，左臂、右臂和剑身在一条线上。

图 8-96

图 8-96 附图

图 8-97

图 8-98

图 8-99

图 8-100

第二十七式　拦腰剑

右脚尖内扣，身体左转 180°成马步；右前臂外展，右手持剑随转体平扫一周，左手剑指顺势附于右手腕。(图 8-101、图 8-102)

【说明】

转体时右脚以脚跟为轴，右手持剑平扫时右前臂外旋，剑身平行于地面。

图 8-101

图 8-102

第二十八式　青龙出海

1. 左腿提膝成右独立步；同时，右手持剑上架，左手剑指顺势前推；面向南。(图 8-103)

2. 左脚向左侧开步成左弓步；同时，右手持剑经腰间向前刺出，左手剑指向左划圆外撑；目视剑尖方向。(图 8-104)

【说明】

左脚开步时右臂屈肘外旋，剑柄收于腰间，剑尖向前。

图 8-103

图 8-104

第二十九式　藏剑

1. 重心右移成右弓步；同时，右手坐腕挑剑，屈臂收于身体右侧，剑尖向上，左手剑指附于右手腕；目视左前方。(图 8-105)

2. 收右脚成右虚步，两手持剑收于左侧胸前，剑尖向上。(图 8-106)

3. 右脚向右开步成右弓步，同时身体右转

图 8-105

180°；两手持剑收于身体右侧；面向西。（图 8–107）

【说明】

转体时剑身紧贴右侧身体。

图 8–106

图 8–107

第三十式　金鸡点头

左腿提膝成右独立步；同时，右手持剑下点，左手剑指顺势上架；目视点剑方向，面向西。（图 8–108）

【说明】

点剑时剑身、右臂和左臂在一条直线上。

图 8–108

第三十一式　青龙出海

1. 左脚落地成左虚步；同时，右手持剑向上、向前划圆下劈剑，左手附于右手腕；面向南。（图 8–109）

2. 左腿屈膝上提成右独立步；同时，右前臂内旋向上架剑，左手剑指前伸。(图 8-110)

3. 左脚向左侧开步成左弓步；右手持剑经腰间向前方平刺，左手剑指顺势向左撑；目视前方，面向南。(图 8-111)

【说明】

两臂与左脚开合同步；劈剑时力在剑身，刺剑时力达剑尖。

图 8-109

图 8-110

图 8-111

第三十二式　云剑

1. 两手在体前向上、向外交叉划圆，同时右脚向左脚收步，左脚向左侧开步成左弓步。剑身始终与地面平行，剑尖始终指向前方。左脚弓步时右手持剑向前平刺。(图 8-112~图8-114)

2. 重复动作 1 三次。

图 8-112

【说明】

两手在体前划圆如云手，两脚向左侧平行开步。左弓步时右手持剑向前平刺。

图 8-113

图 8-114

第三十三式　老虎大张嘴

1. 重心右移成右弓步，右手持剑向右转体 90°。(图 8-115)

2. 右腿提膝成左独立步；右手腕由内向前翻转，右手持剑在体前向内、向上划立圆一周，屈臂收于腹前，剑尖向前，左手剑指向后划圆上举；面向西。(图 8-116、图 8-117)

图 8-115

图 8-116

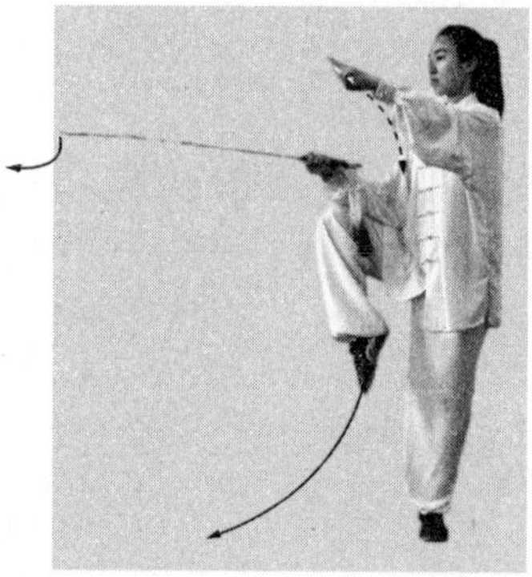

图 8-117

第三十四式　玉女穿梭

1. 右脚上步成右弓步；右手持剑向前平刺，左手剑指收于胸前。(图 8-118)

2. 左脚上步成左弓步；左手剑指前指，右手持剑屈肘收至胸前；面向北。(图 8-119、图 8-119 附图)

【说明】

左脚上步时左手剑指贴近剑身向前穿出，右手持剑屈臂回收，横剑于胸前。

图 8-118

图 8-119

图 8-119 附图

第三十五式　蛟龙入海

1. 右脚后撤，身体向右旋转 180°；右前臂内旋，剑尖向下，随转体护膝向右旋转收于右侧身后，左手剑指顺势水平划圆。（图 8-120~图 8-122）

2. 左腿提膝成右独立步；同时，右手持剑向右侧下方刺出，左手剑指顺势上撑；面向西。（图 8-123）

【说明】

身体旋转 180°，右手持剑绕体近一周。

图 8-120

图 8-121

图 8-122

图 8-123

第三十六式　剑扫落叶

1. 左脚向后落地，身体向左旋转 180°，右脚提膝随转体落地成交叉步；右手持剑随转体屈腕划立圆一周收于胸前。（图 8-124、图 8-125）

2. 右手持剑向右下方刺出，左手剑指顺势上撑；目视剑尖方向。（图 8-126、图 8-126 附图）

【说明】

转身要迅速，手腕要灵活，剑身以手腕为轴绕环一周。

图 8-124

图 8-125

图 8-126

图 8-126 附图

第三十七式　青龙出海

1. 右脚尖内扣，身体向左旋转180°成右弓步；右手持剑随转体平扫，左手剑指随转体向后划圆。（图 8-127）

2. 右脚撤步成右弓步；左手剑指附于右手腕，右手持剑收于腹前，剑尖向前。（图 8-128）

3. 右脚上步成平行步，两腿微屈；右手持剑随上步向前平刺；目视前方，面向南。（图 8-129）

【说明】

转体以右脚跟为轴，随即向后撤步成右弓步。

图 8-127

图 8-128

图 8-129

第三十八式　收势

1. 右手剑柄交于左手。两手从体侧向上划圆下落于小腹前，目视前方。(图 8-130~图 8-133)

2. 还原成立正姿势。(图 8-134)

【说明】

两手下落时要屈膝，两手上领时要伸膝。面向南。

图 8-130

图 8-131

图 8-132

图 8-133

图 8-134

（本章由和慧超撰写）

参考文献

[1] 申国卿．太极拳发展特点的当代解读［J］．山东体育学院学报，2010（2）：43-47.

[2] 王永和．弘扬中华和合文化增强中华民族凝聚力［J］．宁夏社会科学，2009（6）：127-129.

[3] 佚名．太极哲理与太极拳［EB/OL］．陈正雷太极网，2008-08-20.

[4] 刘巧芳．和式太极拳代理架“理”之分析［J］．中华武术·研究，2014（10）：75-77，83.

[5] 余功保．中国太极拳辞典［M］．北京：人民体育出版社，2005：35.

[6] 洪浩，和有禄．和式太极拳述论［J］．河南社会科学，2007（9）：9-12.

[7] 雷震．吐纳行气术与保健治疗功——试析汉简《引书》和帛画《导引图》［J］．成都体育学院学报，2004（6）：33-35.

[8] 张银萍．陈式太极拳与和式太极拳对比分析［J］．中华武术·研究，2016（8）：63-67，83.

[9] 和有禄．和式太极拳拳理概述［EB/OL］．太极网，2014-4-24.

[10] 魏志刚．和式太极拳发展浅探［J］．搏击·武术科学，2012（1）：51-52，57.

[11] 杨志忠．老师解“无影树”［EB/OL］．新浪博客，2007-11-08.

[12] 苏清标．太极拳修炼的哲理诠释［EB/OL］．陈瑜太极网，2011-01-16.

[13] 本社．太极拳全书［M］．北京：人民体育出版社，1995：5-60.

[14] 和慧超．和式太极拳要拳之道［EB/OL］．太极网，2012-07-16.

[15] 贾澎．和式太极拳的特点［EB/OL］．天下武林网，2006-04-01.

[16] 和有禄．和式太极拳推手秘要［J］．中华武术，2012（12）：30-31.

[17] 高德明．太极拳存在的三种重要形式［EB/OL］．太极网，2011-06-05.

[18] 张卓星．太极拳要分十五个步骤来学习［EB/OL］．太极网，2011-01-07.

[19] 买正虎．形意拳搏击的理与法［M］．北京：北京体育大学出版社，2004：4-5.

[20] 李文彬，尚芝蓉．尚氏形意拳械抉微［M］．武汉：湖北科学技术出版社，1989：14.
[21] 张东武．陈式太极拳的系统化训练［EB/OL］．陈瑜太极网，2011-06-02.
[22] 陈小旺．陈式太极拳的五层功夫论［EB/OL］．陈家沟太极网，2010-11-21.
[23] 张志俊．太极拳之境界论［EB/OL］．艺术中国，2011-06-01.
[24] 申国卿．燕赵武术文化研究［M］．北京：人民体育出版社，2009：6.
[25] 贾澎．阶及神明之捷径［EB/OL］．新浪博客，2005-06-25.
[26] 王玮．赵堡太极拳丹功诀诠释（下）［EB/OL］．太极网，2010-10-18.
[27] 林北生，周庆杰，卢兆民．庄子技道观与武道修炼的境界［J］．西安体育学院学报，2009（5）558-561.
[28] 叶朗．美在意象［M］．北京：北京大学出版社，2010：471-472.
[29] 冯友兰．中国哲学简史［M］．北京：北京大学出版社，1985：389.
[30] 李龙，李伟．武术修炼四境界［J］．上海体育学院学报，2014（4）：85-88.
[31] 网络相关焦作市的简介资料。
[32] 网络相关焦作市的简介资料以及杨玉东、程峰教授的“覃怀文化”观点。
[33] 翟有龙，李传永．人文地理学新论［M］．成都：西南交通大学出版社，2004：337.
[34] 段友文．黄河中下游家族村落民俗与社会现代化［M］．北京：中华书局，2007：2-3.
[35] 李永芳．民国时期传统家族制度的变革与家族文化的衰落［J］．中州学刊，2014（1）：146-152.
[36] 钱穆．略论魏晋南北朝学术文化与当时门第之关系［J］．新亚学报，1963（2）：5.
[37] 和有禄．和式太极拳谱［M］．北京：人民体育出版社，2003：6.
[38] 蔡志忠．中庸和谐的人生［M］．北京：三联书店，1990：9-11.
[39] 洪浩，和有禄．和式太极拳述论［J］．河南社会科学，2007（5）：9-12.
[40] 薛公忱．中医文化溯源［M］．南京：南京出版社，2013：1-3.
[41] 和有禄．和式太极拳谱［M］．北京：人民体育出版社，2003：43.
[42] 刘巧芳．综评和兆元创“代理架”和式太极拳“理”之内涵［J］．搏击·武术科学，2015（4）：32-33.
[43] 佚名．和式太极拳介［EB/OL］．新浪博客，2013-11-10.
[44] 王蒙．寄希望于文化［N］．光明日报，2013-08-19（5）
[45] 和有禄．和式太极拳谱［M］．北京：人民体育出版社，2003：17.

后 记

天意所至，在焦作度过了十余年的岁月。从古都洛阳到“太极圣地”，牡丹国花的雍荣华贵与怀川文化的内敛隐逸形成了截然不同的氛围，留下的亦是迥然相异的感受。

焦作位于黄河以北，毗邻洛阳，既拥有母亲河的豪迈之情，也兼带河洛文化的宏大气象，更承载静以养生、隐以安身的特殊历史内蕴。太行山层峦叠嶂，云台山壮丽秀美，“四大怀药”以悠久历史和优秀品质贵为宫廷贡品，“竹林七贤”在百家岩隐居逸世终成就一段魏晋风流。悠远的历史，胜迹数不胜数，所有的风华，历经千年沧桑，凝聚成我们心目中美轮美奂的太极拳，造福了当代无数民众，以中华文化特有的和谐气质，在世界各地展现着龙的传人之气象精神。

太极拳讲究立身中正，舍己从人，粘连黏随，不丢不顶。这种用意不用力的拳法堪称武林“另类”，表面上似乎与大众武术颇不合群，实际却蕴含着中华武术的核心密码，彰显着中华民族的特殊智慧。长期习练太极拳，不仅可以活跃筋骨、强身健体，而且能够涵养性情、变化气质，相当一部分人群则从中领悟了生活哲理，在日复一日的坚持与坚守中焕发形象，提升境界，拓展人生。

上下几千年，人生一太极。从用力到用意，从用意到忘拳，不仅是武术水准的提升；由大我到小我，由我执而无我，同样是自性本能的显现。或许，这种因为长期习练而伴生的人体由外到内、由身到心的改变，才是太极拳历久弥新的风采与魅力。

身心的改变必然引发生活的改变。因为太极而改变，因为改变而受益，因为受益而更加启发传承太极拳、弘扬和谐文化的心志与性情。这便是：人生何处不太极，身心安处是故乡。

在太极拳乡的耳濡目染，自然与太极拳相遇、结缘乃至互相“成就”。卓尔不群的中华太极自然无须我们成就，以太极为标志的中华传统文化为我们带来了身心的跃迁，为太极文化传播尽心尽力是中华儿女力所能及的责任与义务。十余年焦作生活，产生了与“九朝古都”不同的身心感受，留下的是与太极拳牵手相行的无尽背影。如果说岁月如歌，太极拳便是这些年我的主流生命乐章，在当代中华民族伟大复兴的征途中，太极之歌也必将在全球化的人类进程中壮丽交响。

本书从写作至今已历多年，种种原因，也算不易，由此致使个别资料失“新”，时间精力所限，暂待日后完善，其间的相关资料因引用不当或粗心致误之处，敬请各方谅解！

在本书成稿过程中，崔黎明老师付出了艰苦劳动，起到了重要作用。裴姣姣同学为太极剑内容的付出同样感人至深。李新平老师、李佳宝、张少波等在拍摄动作环节给予了大力支持。胡建平、孙向豪、齐风猛等也为书稿付梓有着积极贡献。对于各位朋友的帮助、支持，我们深表谢意！

太极悠悠，何止千年一叹。

来日方长，更须感恩祝福！

著者

2019-7-14